Das Unaussprechliche

...sprechen

AF284329

Das Unaussprechliche

... sprechen

Erläuterungen zum Kurs 12/I des Faches Katholische
Religionslehre
von Axel Burghausen

Das Titelbild: Max Beckmann: Selbstbildnis mit Seifenblasen (1900)
www.pinterest.co.uk/pin/201395414561263518

© 2021
Herstellung und Verlag: BoD – Books on Demand, Norderstedt
ISBN: 978-3-7526-6030-2

Inhaltsverzeichnis

Vorab: Wir können nicht schweigen

„Wovon man nicht sprechen kann, darüber muss man schweigen." Dieser berühmte Satz des Philosophen Ludwig Wittgenstein verdeutlicht, dass das, was unser Denken und Sprechen ermöglicht, nicht zugleich deren Gegenstand sein könne. Diese Erkenntnis umreißt das Dilemma des Religionsunterrichtes (und aller Theologie). Entweder existiert Gott nicht, dann wäre jede Rede von ihm mindestens Zeitverschwendung, vielleicht Ablenkung oder Manipulation, jedenfalls keine hilfreiche Betätigung in der Schule. Niemand, auch nicht der gläubigste Mensch, kann völlig ausschließen, dass genau das zutrifft.

Oder Gott existiert. Dann sind unsere Gedanken und Worte auch nicht ansatzweise in der Lage, seine Wirklichkeit angemessen zu erfassen. Auch in diesem Falle stellt sich die Frage, warum wir es immer wieder versuchen, obwohl wir wissen, dass alles, was wir sagen, mehr falsch als richtig sein kann (vgl. 2.4).

Auf der anderen Seite haben wir Menschen, die Erfahrungen mit Gott gemacht, die ihr Leben mit Gott bewältigt oder in Auseinandersetzung mit ihm abgearbeitet haben (vgl. auch

Jakob in Jgst. 11). Genauer gesagt interpretieren diese Menschen ihre Erfahrungen auf Gott hin, aber dies bleibt kein theoretischer Akt, sondern wird ein lebendiger Vollzug. „Wir können nicht schweigen über das, was wir gesehen und gehört haben" (Apg 4,20), antworten Petrus und Johannes, als der Hohe Rat ihnen befehlen will, die Botschaft Jesu Christi nicht mehr zu verkünden. Der Prophet Jeremia spricht von einem inneren Zwang, der ihn treibt, prophetisch zu reden, auch wenn es ihm lauter Nachteile bringt (Jer 20,9).

Weil sich Gott also Menschen geoffenbart hat, deshalb ist es auch für uns gerechtfertigt, über Gottes Handeln zu reden und Rückschlüsse auf sein Wesen zu ziehen. Das Reden über Gott ist immer auch – oder eher zuerst – ein Reden über Menschen, und deren Erfahrungen können wir nach-vollziehen. Letztlich bedeutet, an Gott zu glauben, diesen Menschen und ihren Erfahrungen zu vertrauen.

In einer Karikatur von Frank Speth sitzt Gott (Mann mit weißem Bart) über Wolken an einem Tisch (evtl. einem Schultisch), stützt nachdenklich seinen Kopf auf seine rechte Hand und denkt: Manchmal frage ich mich, ob es mich gibt. Das Bild wirft uns in eine paradoxe Situation, denn einerseits beweist dieser Gedanke die Existenz Gottes (nach Descartes: Ich denke, also bin ich), andererseits spiegelt er die Zweifel der Menschen wider und macht deutlich, dass ein Gott, an den nicht geglaubt wird, seine Funktion verlieren kann (im Sinne Nietzsches: Gott ist tot). Vielleicht steckt in der Karikatur aber auch eine Kritik an Gott, der, indem er sich den Menschen bemerkbar gemacht hat, mehr Ungewissheit und Streit geschaffen hat als eine beruhigende Klarheit.

Ähnlich anthropomorph (menschenartig) wie die Karikatur ist eine Vorstellung, die ich seit Jahren mit mir trage. Gott sitzt im Himmel und hört, was ich im Unterricht über ihn sage (oder liest, was ich hier über ihn schreibe). Er stutzt, denkt nach - - - und bricht in ein schallendes Gelächter aus. Gott hat Humor, das ist meine feste Überzeugung, und erträgt, was Theologen über ihn formulieren. Er ermuntert uns sogar dazu, denn sonst hätte er uns nicht Verstand und artikulierte Sprache geschenkt. Wenn manche muslimische Schüler Schwierig-keiten haben, sich auf atheistische Fragestellungen oder die Theodizee-Frage einzulassen („In unserer Religion ist uns das nicht erlaubt"), weise ich auf diesen Tatbestand hin. Gott wollte, dass wir über ihn reflektieren, und er lässt es zu, dass wir ihn in Frage stellen.

So problematisch es also sein mag, über eine Wirklichkeit zu reden, über die nicht angemessen geredet werden kann, so ist es dennoch notwendig. Auch ich kann nicht schweigen, also werde ich reden …

(Auch dieses Buch hält die Erläuterungen für meine Schüler im Religionsunterricht in schriftlicher Form fest. Besprochene Bilder können im Internet eingesehen werden.)

1 Du sollst dir kein Bildnis machen

1.1 Wofür es sich zu leben lohnt ...
Grundlage: unterschiedliche Medien

In einer Karikatur von Erik Liebermann steht ein Mann, eine Aktentasche und einen Globus in den Händen, an der Rezeption eines Hotels und fragt die erstaunt blickende Angestellte: „Mal zwei Fragen: Wo bin ich und wer hat mich geschickt?" Wer sich „verorten" will, benötigt in der Tat die Kenntnis von Ausgangs- und Zielpunkt, und indem er sein Ziel selber wählt, definiert er seine Identität. Der Witz dieser Karikatur besteht darin, dass eine Rezeption oder ein Informationsschalter zwar Hilfestellungen auf bestimmten Teilstücken dieses Weges leisten, das Ziel aber nicht für den Einzelnen bestimmen können. Der Wunsch, sich orientieren zu lassen, statt sich selber zu orientieren, spiegelt aber die von vielen wahrgenommene Unübersichtlichkeit des Lebens wider.

Ähnliche Überlegungen stellt Abschaffel, der Protagonist in Wilhelm Genazinos Roman „Falsche Jahre" (1979) an. Angesichts der vielen Reisenden am Bahnhof fragt er sich, ob sich durch ihr Unterwegs-Sein irgendetwas an ihrem Leben ändere oder ob sie nur vor der Erkenntnis ihrer Nichtigkeit wegliefen. Er selber sieht sein gegenwärtiges Leben als „Restbestand von etwas Größerem, aus dem vor vielen Jahren leider nichts gemacht worden war", ein verfehltes Leben. In der Bahnhofshalle beobachtet er einen Mann, der unentwegt Abfälle zusammenkehrt, während hinter ihm neue Abfälle zu Boden geworfen werden. Zunächst bewundert er ihn, weil er trotz seines ewigen Misserfolgs so viel Vertrauen in den Sinn seiner Arbeit habe. Später geht ihm auf, dass der Mann einfach nur ausführe, wofür er bezahlt wird, und seiner Tätigkeit gegenüber gleichgültig sei.

Mich erinnert diese Textpassage an den Essay „Der Mythos des Sisyphos" (1942) von Albert Camus. Sisyphos muss als Strafe einen schweren Felsbrocken mit großer Kraftanstrengung einen Hügel hinaufrollen. Oben angekommen, rollt der Brocken wieder herunter, und die Anstrengung beginnt von Neuem. In diesem griechischen Mythos spiegelt sich für Camus die Entfremdung des Menschen, der oft keinen eigenständigen Zugriff auf seine Existenz und seine Tätigkeit habe. Indem Sisyphos die Absurdität seiner Existenz annehme, stelle er sich über das bloße Schicksal und könne glücklich sein.

Der Maler Max Beckmann wuchs ohne Vater, unter einem unzugänglichen Vormund, im Schatten seines erfolgreichen Bruders, niedergedrückt von schulischen Misserfolgen auf. Er empfand sich als Stiefkind des Lebens, allein und einsam. Zugleich entwickelte er angesichts der Natur und der Gedichte des zeitgenössischen Dichters Richard Dehmel die Sehnsucht nach Größe und Entgrenzung. Sein Selbstbildnis mit Seifenblasen (ca. 1900, s. Titelbild) illustriert diese Spannung. Der 16-Jährige sitzt auf einer Anhöhe über einer weiten Landschaft auf einem Stuhl, isoliert von jeglichem Treiben. Während er die Pfeife noch in der Hand hält, schaut er sinnend den von ihm produzierten Blasen hinterher. Sein Blick richtet sich nach oben, fern aller irdischen Realität. Bei Dehmel konnte er lesen: „… nur noch in sich/sucht die Allmacht der Mensch,/der dem Schicksal gewachsen ist". Vom 18-jährigen Beckmann ist die Aussage an eine Kommilitonin (Mitstudentin) überliefert: „Jetzt male ich noch zwei Jahre – dann bin ich der größte Maler. Dann dichte ich, dann mache ich Musik und dann erschieße ich mich."

Die damals 15-jährige Indira Ceylan veröffentlichte in der Zeitschrift „Ibibik" ihre Überlegungen zur Frage: Warum lebe ich? Im ersten Abschnitt, der viele Fragesätze enthält, verweist sie darauf, dass sie meistens nicht an die Frage nach dem Sinn denkt, dass sie diese Frage aber in bestimmten Situationen beschäftigt. Ihre Fragehaltung macht deutlich, dass sie nicht bereit ist, bestehende Antworten der Religion oder ihrer Familie unbefragt zu übernehmen. Sie äußert für ihr Leben den Wunsch, zufrieden zu sein und sich nichts vorwerfen zu müssen. Aber auch die Zufriedenheit ändere sich mit der persönlichen Entwicklung. So sieht sie letztlich den Sinn des Lebens darin herauszufinden, worin der Sinn besteht.

Mich erinnert dieser Text an einen asiatischen Weisheitsspruch: „Verstehe, dass das Leben eine Reise ist, und lerne, an ihrem Ende zu lächeln."

Die Schülerin Manuela Reeg schrieb im Rahmen einer freiwilligen Arbeit im Fach Katholische Religionslehre über ihren Glauben (2014). Sie setzt sich mit der Forderung der Gottesliebe auseinander. Liebe bedeute für sie eine außergewöhnlich gesteigerte Emotionalität, und die könne sie für Gott nicht aufbringen. Sie glaube, dass er existiere, sie sehe

15

aber auch das unverschuldete Leid in der Welt und Gottes Verantwortung dafür. Außerdem sei es schwierig, jemanden zu lieben, bei dessen Existenz man doch nicht sicher sei.

Andererseits sehe sie, wie hilfreich ein religiöses Leben sei. Man gewinne Halt und Wegweisung für das Leben und werde in Situationen von Leid und Kummer leichter getröstet. Sie erkennt aber auch, dass diese Funktionalität Gott in oberflächlicher Weise missbraucht. So hofft sie, dass sie mit zunehmendem Alter lernt, Gott zu lieben, ohne ihn zu vereinnahmen.

1.2 Jeder formt sich den Gott, den er verdient

Grundlage: Susanne Kilian: Frau Bertolds wechselhafte Beziehungen zum lieben Gott

Hans-Georg Rauch: Kuschelgott

Arbeitsblatt aus: Günther Weber: Die zehn Gebote

Der Text von Susanne Kilian aus dem Jahre 1976 zeichnet eine fiktive Glaubensbiographie nach. Als Kind empfindet Lotte Gott als „Weihnachtsmann", lieb und kinderfreundlich. Als Jugendliche fühlt sie sich in ihrer Einschätzung gespalten: Einerseits liebt sie das Festliche und Feierliche in der Kirche, andererseits fürchtet sie sich davor, von Gott verurteilt zu werden. Im Erwachsenenalter und nachdem Lotte geheiratet und Kinder bekommen hat, verflüchtigt sich ihre Beziehung zu

Gott immer mehr. Sie hat nun andere Prioritäten, keine Zeit und zunehmend kein Interesse mehr. Diese Indifferenz legitimiert sie mit dem Verweis auf das Leiden in der Welt. Das spreche mindestens gegen Gottes Verantwortungsgefühl, vielleicht auch gegen seine Existenz. Dennoch besteht sie darauf, dass ihre Kinder die Sakramente empfangen, denn vielleicht nutze das doch zu etwas. Als die Kinder aus dem Haus sind und weit entfernt wohnen und ihr Mann gestorben ist, fühlt sich Lotte Bertold einsam. Schließlich ist sie in einem kirchlichen Heim auf Pflege angewiesen und hat Angst vor dem Tod. Sie hofft nun, dass Gott existiert und dass er ihr verzeiht.

Diese Biographie, die in einem bestimmten Milieu wahrscheinlich heute noch typisch ist, reduziert Gott auf seine Funktionen: Er kann lieb sein, vor allem zu Kindern, droht aber auch mit Strafe, wenn Regeln nicht eingehalten werden. Besondere Familienereignisse werden von ihm verfeierlicht. Er bietet in schwierigen Situationen Trost und Halt und gibt dem Leben einen Sinn. Er kann seine Funktion aber auch verlieren, wenn man ihn gerade nicht braucht.

So nachvollziehbar Frau Bertolds Gefühle weitgehend sind, so wird doch deutlich, dass Gott sein Subjektsein verloren hat. Er wird als Objekt der menschlichen Bedürfnisse angesehen, auf die er reagieren soll. Frau Bertold steckt ihn sozusagen in die Schublade und zieht ihn heraus, wenn sie ihn braucht.

In Hans-Georg Rauchs Karikatur „Kuschelgott" liegt ein Mann feist und zufrieden in seinem Bett. Seine Hände sind gefaltet und er scheint ruhig und sorgenfrei zu schlafen. In seiner Armbeuge liegt ein kleines Männchen. Der lange Bart, vor allem aber das Dreieck mit Auge über seinem Kopf definieren ihn als Gott. Dennoch wirkt er wie ein Kuscheltier (Teddy), das Kindern beim Einschlafen hilft. So wacht Gott über den Schlaf des Mannes, der beruhigt sein kann, dass er Gott immer bei sich hat.

Ein Gott zum „Kuscheln" ist nicht mehr als ein harmloses Hilfsmittel, das sein Gott-Sein längst verloren oder auch nie besessen hat.

Das Arbeitsblatt aus dem Buch von Günther Weber listet – wenn auch überspitzt – zwölf Gottesbilder auf, in denen Gott auf unterschiedliche gesellschaftliche Bedürfnisse „reagiert". Am unsympathischsten erscheint uns sicherlich der Gott der Mächtigen und Erfolgreichen, der die bestehende Ordnung garantiert und zur Not auch Waffen segnet. Bekannt ist aber auch der Gott, der belohnt und bestraft, der uns ständig kontrolliert, sich freut, wenn er uns bei etwas Unrechtem erwischt und der deshalb in der Erziehung eine wichtige Rolle spielt. Schon erfreulicher ist der Gott, den man bei Schwierigkeiten anruft und der uns durch Kulthandlungen gegen die Unsicherheiten des Lebens versichert. Dann gibt es den „harmlosen" Gott, der alles versteht und verzeiht und keine Ansprüche stellt. Am sympathischsten ist für moderne Christen sicher der Gott, der sich für die Benachteiligten einsetzt, aber auch auf die Beziehung zum Mitmenschen „zusammenschrumpft".

Sympathisch oder unsympathisch, alle diese Vorstellungen werden der Gottheit Gottes nicht gerecht, weil sie eine Eigenschaft absolut setzen und Gott damit für den Menschen „handhabbar" machen. Die Wünsche oder auch Befürchtungen der Menschen werden in eine Person außerhalb von ihnen selbst projiziert.

Berühmt geworden als ein Beispiel für die negativen Folgen eines „pädagogischen Gottes" ist der Selbstbericht „Gottesvergiftung" von Tilmann Moser aus dem Jahre 1976. Moser schildert, wie der Gottesglaube bei ihm hauptsächlich Angst erzeugt und gefestigt hat und ihn lange Zeit daran gehindert hat, Vertrauen in sich selber zu entwickeln. Das Buch ist in der zweiten Person (als Anrede) verfasst, also eine Art Gebet, in dem Moser Gott für das anklagt, was er ihm angetan hat, und sich innerlich von ihm verabschiedet.

Religion sieht er als Krankheit. Für solche psychischen Erkrankungen, die durch ein autoritär unbarmherziges Gottesbild hervorgerufen werden, hat sich der Begriff ekklesiogene (durch die Kirche hervorgerufene) Neurose durchgesetzt.

1.3 Kein Bildnis machen ... - Geht das?
Grundlage: Informationstext: Gottesbilder

„Du sollst dir kein Gottesbild machen ..." (Ex 20,4) Diese zweite Forderung des Dekalogs (der Zehn Gebote) weitet der Schriftsteller Max Frisch als ethische Forderung auf den Umgang mit den Mitmenschen aus. Den anderen auf bestimmte Charakteristika festzulegen, ihn auf mein Bild von ihm zu reduzieren, ihm keine Mehrschichtigkeit und Entwicklung zu gestatten, ist für Frisch ein Akt der Lieblosigkeit. Dass es tödlich sein kann, auf bestimmte Merkmale „festgenagelt" zu werden, zeigt er u.a. in seinem Drama „Andorra". Jeder Mensch ist aber mehr als das, was wir von ihm wahrnehmen.

Ähnlich entsteht durch Gottesbilder die Gefahr, sich eine feste Vorstellung von Gott zu machen und ihn damit an diese

Vorstellung zu binden. Jedes Bild kann aber immer nur einen Teil von Gottes Wesen in den Blick nehmen, das immer anders und größer ist, als der Mensch es erfassen kann. So soll der Mensch offen bleiben für immer neue Erfahrungen mit Gott.

Das Bilderverbot des Dekalogs verbietet optische Bilder von Gott, gemalt oder modelliert. Wir wissen durch Verfilmungen von Literatur, wie stark uns Bilder in unserer Phantasie festlegen und damit auch behindern. Es verbietet aber keine Sprachbilder, weil diese offen bleiben für die Ergänzung durch andere Bilder – wenn wir bereit sind, das zuzulassen. So gibt es in der Bibel unzählige Bilder für Gott und sein Handeln, auch ungewohnte, z.B. weibliche Bilder, die uns mahnen, Gott nicht vorschnell als Mann zu identifizieren. Sich Bilder, d.h. Vorstellungen, von Gott zu machen, ist unvermeidlich, denn ein lebendiger Glaube bleibt nicht abstrakt.

Der Islam kennt die 99 Namen (also Eigenschaften) Gottes. Diese Liste macht deutlich, dass eine Eigenschaft Gott nicht festlegen kann. Aber auch die 99 Namen umgreifen noch nicht das ganze Wesen Gottes. Der hundertste Name (so der muslimische Glaube) bleibt geheim. Gott ist immer mehr als das, was wir über ihn zusammentragen können. Er bleibt unverfügbar.

Das Bilderverbot erwuchs aus der nomadischen Tradition des Volkes Israel. Nomaden, die ja nicht bleibend sesshaft sind, kennen keine Götterbilder. Wohl kennen sie bestimmte Orte, die sie mit der Gegenwart Gottes verbinden. So stand im späteren Tempel in Jerusalem die Bundeslade als „Thron" Gottes, Gott selber aber blieb unsichtbar.

In der Frühgeschichte Israels wurden Vorstellungen anderer Religionen in den Glauben Israels integriert und auf seinen Gott Jahwe bezogen. Später setzte man sich energisch von fremden Religionen ab, vor allem, weil die fremden Götter jeweils nur auf bestimmte Eigenschaften bzw. Funktionen (z.B. Fruchtbarkeit) bezogen wurden. Zunehmend bekam das Bilderverbot die Aufgabe, die Einzigkeit Jahwes durchzusetzen.

Die Verehrung der Bilder war auch im Christentum heftig umstritten. Im 8./9. Jahrhundert kam es im Raum der byzantinischen Kirche zu heftigen Auseinandersetzungen (dem Bilderstreit), denen nicht nur fast alle Ikonen, sondern auch viele Menschen zum Opfer fielen. Im Konzil von Nizäa (einer Versammlung der Bischöfe auf dem Gebiet des heutigen Iznik) im Jahre 787 kam es zu einer theologischen Klärung: Weil der Mensch Jesus Christus das Abbild (die Ikone) Gottes ist, deshalb könne man in Bildern von

Menschen das in ihnen gezeigte Heilige verehren. Wie man nämlich im Bild das Urbild erkennen könne, so sind Ikonen gleichsam eine Tür, durch die hindurch man Zugang zum Dargestellten gewinnt. Die Menschwerdung Christi hat also das Bilderverbot aufgehoben.

Wenn man die wenigen Ikonen vor dem Bilderstreit (z.B. eine Petrus-Ikone auf dem Sinai) mit späteren Ikonen vergleicht, fällt aber auf, dass die Maler von realistischen Darstellungen alltäglicher Menschen abgehen und das Abgebildete transzendieren. Die Farbgestaltung, der entrückte Blick, aber auch das Verwenden überlieferter Muster, ohne subjektive Kreativität der Maler, machen deutlich, dass zwar Menschen abgebildet sind, die aber schon in eine andere Sphäre himmlischen Lebens gehoben wurden.

Die lateinische Kirche im Westen ist insgesamt „natürlicher" mit der religiösen Malerei umgegangen, was die Interpretation häufig spannender macht. Allerdings sind Darstellungen von Gott Vater theologisch nicht zu rechtfertigen und im Grunde peinlich, zumal sie eine „männliche" Vorstellung von Gott zementieren.

Judentum und Islam haben das Bilderverbot deutlich strikter praktiziert, wobei es allerdings auch hier zu bestimmten Zeiten oder in bestimmten kulturellen Zusammenhängen unterschiedliche Interpretationen dieses Gebotes gibt. So kennen wir aus dem 2.-6. Jahrhundert Synagogen, in denen nicht nur biblische Szenen, sondern auch der Tierkreis und der Messias in Form des Sonnengottes Helios bildlich dargestellt sind. Im 14.-19. Jahrhundert gibt es in Persien Miniaturen, die den Propheten Mohammed darstellen, wenn auch mit verhängtem Gesicht.

2 Gott er-denken?

2.1 Kann man die Existenz Gottes beweisen?

Grundlage: Thomas von Aquin: Fünf Wege, Gottes Dasein zu beweisen

Kann man beweisen, dass es Gott gibt? Der Atheist sagt: Nein, denn Gott existiert nicht. Seine Überzeugung nimmt die Entscheidung schon vorweg. Der Gläubige sagt: Nein, denn wenn man ihn beweisen könnte, wäre ja der Glaube überflüssig. Müsste aber nicht ein Beweis jeden denkenden und wohlmeinenden Menschen davon überzeugen, dass Gott existiert oder eben nicht? Müssten sich dann nicht alle Menschen dieser Schlussfolgerung anschließen? Fragt man gläubige Christen und vor allem Muslime nach einem „Beweis" für die Existenz Gottes, so verweisen sie in der Regel auf die Schöpfung, die wunderbare Ordnung dieser

Welt. In der Tat gibt es in der Geschichte des Universums einige Bedingungen, die auf zielgerichtetes Schöpfungshandeln hinweisen könnten. Aber wir wissen, dass die Naturwissenschaften uns alternative Denkmodelle zur Verfügung stellen. Außerdem wird nicht jeder Mensch diese Welt als wohl eingerichtet und harmonisch empfinden.

Über viele Jahrhunderte hinweg haben Theologen und Philosophen sich bemüht, Gott mit den Mitteln der menschlichen Vernunft zu beweisen. Der bekannteste Versuch, der natürlich auch schon Überlegungen seiner Vorgänger aufnimmt, sind die fünf Wege des mittelalterlichen Theologen Thomas von Aquin (1225-1274).

Der erste Beweis geht vom Phänomen der Bewegung aus. Alles, was sich bewegt, muss von etwas anderem bewegt worden sein. Aber auch dieses andere wurde wiederum selbst bewegt, und so geht die Reihe immer weiter. Es gibt Wettbewerbe mit einer Reihenanordnung von Domino-Steinen. Tippt man den ersten an, dann werden in einer Bewegungswelle nach und nach alle anderen umgeworfen. Der Finger eines Menschen hat also diese Kettenreaktion in Gang gesetzt (oder das Gehirn, das den Finger führt). So argumentiert auch Thomas, dass es einen ersten Beweger geben müsse, der selbst nicht von etwas anderem bewegt worden sei. Dieser erste Beweger werde von allen Menschen Gott genannt.

Der zweite Beweis ähnelt dem ersten. Ausgangspunkt ist nicht die Bewegung, sondern das Prinzip von Ursache und Wirkung. Auch hier schließt Thomas, dass es eine erste Ursache geben müsse, weil sonst jede Ursache bereits wieder Wirkung sei.

Der dritte Weg argumentiert mit dem Unterschied von notwendigem und nur möglichem Sein. Meine Existenz ist eine mögliche. Das sieht man einerseits daran, dass ich tatsächlich existiere, andererseits daran, dass ich lange Zeiten der Weltgeschichte nicht existiert habe und auch in Zukunft nicht mehr existieren werde. Offensichtlich kann die Menschheit und noch mehr der Kosmos auch hervorragend ohne mich existieren, und das gilt für alle anderen Wesen auch. Es müsse aber jemanden geben, der notwendig existiert, sonst gäbe es die möglichen Existenzen nicht. Letztlich kommt dieser Beweis also zum selben Schluss wie die beiden ersten.

Der vierte Weg stellt Bewertungsmaßstäbe in den Mittelpunkt. Wenn wir einen Menschen als gerecht bezeichnen, dann meinen wir in Wahrheit: Dieser Mensch bemüht sich in besonderer Weise auf der Grundlage seiner Einsicht der Situation mit seinen Fähigkeiten so gerecht wie möglich zu urteilen und zu handeln. Wir können verschiedene Menschen miteinander vergleichen und eine Rangliste aufstellen, wer gerechter und wer etwas weniger gerecht ist. Diese Beurteilung orientiert sich aber immer an der Vorstellung einer vollkommenen Gerechtigkeit, zu der Menschen gar nicht fähig sind. Zugleich sei diese vollkommene Existenz die Ursache für die moralischen Annäherungswerte der Menschen. Eine vollkommene Existenz könne aber nur die Existenz Gottes sein.

Der fünfte Weg, der bis in die Antike zurückgeht, argumentiert mit der Zielorientierung der Welt (teleologischer Gottesbeweis). Wenn wir am Horizont ein Schiff sähen, das eine klar erkennbare Richtung ansteuert, so wissen wir – so sagte Aristoteles -, dass auf diesem Schiff ein Steuermann ist, auch wenn wir ihn nicht sähen. Ebenso könne man an den Naturgesetzen und dem geordneten Lauf natürlicher Phänomene erkennen, dass jemand diese Ordnung in Gang gesetzt habe.

Die fünf Wege haben eine vergleichbare Struktur: Ausgangspunkt ist jeweils ein Phänomen der Wirklichkeit dieser Welt, das niemand in Zweifel ziehen kann. Dieses Phänomen steht nicht für sich, sondern weist über sich hinaus auf ähnliche Phänomene, die wieder über sich hinausweisen. Die dadurch entstehende Kette müsse aber einen Anfang haben, sonst würde es sie nicht geben. Dieser Anfang wird durch eine Existenz gesichert, die selber keine Voraussetzungen mehr benötigt, denn dann wäre sie ja nicht der Anfang der Kette. Diese voraussetzungslose Existenz nennen die Menschen Gott.

Ist Gottes Dasein nun bewiesen? Nach den Regeln logischen Schließens müsste das der Fall sein, denn die Wege gehen von einer unbestreitbaren Prämisse aus und werden folgerichtig Stufe für Stufe bis zur Existenz Gottes fortgesetzt. Sollte jemand immer noch ein komisches Gefühl haben, müsste deutlich werden, woran das liegt.

Die „Beweise" gehen davon aus, dass die Gesetzmäßigkeiten dieser Welt (also Bewegung, Ursache-Wirkungs-Prinzip usw.) auch im transzendenten (jenseitigen) Bereich gelten, dass man also die Brücke von unseren Naturgesetzen zu Gott spannen kann. Da der Bereich Gottes aber schon von seiner Definition her etwas völlig Anderes darstellt, ist dieser Übergriff nicht möglich und daher nicht beweiskräftig.

Zudem ist der jeweils letzte Satz problematisch: Das nennen alle Menschen Gott. Denn er setzt voraus, dass der geschlussfolgerte erste Beweger, die notwendige Existenz usw. identisch ist mit dem Gott der Bibel (und des Koran). Das

Ergebnis des Beweisverfahrens setzt also den eigenen Glauben schon voraus, ein Zirkelschluss, der nicht beweiskräftig ist.

Nur kurz erwähnen möchte ich den ontologischen Gottesbeweis des Anselm von Canterbury, der daraus, dass über ein vollkommenes Wesen hinaus nichts Vollkommeneres gedacht werden kann, schließt, dass dieses vollkommene Wesen existieren müsse. Aus dem Gedanken auf die Existenz zu schließen, erscheint uns heute doch etwas tollkühn.

Der deutsche Philosoph Immanuel Kant (1724-1804) wies in Auseinandersetzung mit den bestehenden Versuchen nach, dass es nicht möglich sei, die Existenz Gottes argumentativ zu beweisen. Aus denselben Gründen seien auch Beweise seiner Nicht-Existenz unmöglich. Kant behilft sich mit einem moralischen Argument. Wenn Gott nicht existierte, wäre jedes moralische Bemühen sinnlos. Also müsse er existieren.

Wenn die „Beweise" Gottes Existenz nicht unleugbar beweisen, so zeigen sie doch, dass es nicht unvernünftig ist, an Gottes Dasein zu glauben. Denn es wäre intellektuell unredlich, etwas für wahr zu halten, was ganz und gar unvernünftig ist. Auch gegenüber Skeptikern und Ungläubigen ist es wichtig zu zeigen, dass es für den Christen gute Gründe gibt, an Gott zu glauben.

2.2 Gott im Widerspruch zur heutigen Welterfahrung

Grundlage: Arbeitsblatt mit Texten von Jean Paul, Friedrich Nietzsche und Wolfdietrich Schnurre Simone de Beauvoir: Memoiren einer Tochter aus gutem Hause
Dirk Winkler: Atheismus als Grundlage des Humanismus

In Jean Pauls kurzem Text „Rede des toten Christus vom Weltgebäude herab, dass kein Gott sei" schildert der Ich-Erzähler einen Traum. In ihm nimmt er eine riesige Leere und Disharmonie in Raum und Zeit wahr. Die wieder erwachten verstorbenen Kinder erfahren von Christus, den sie anrufen, dass der göttliche Vater nicht existiere. Diese Erkenntnis führt zur Verzweiflung. Die Menschen fühlen sich als Waisen.

Der 1795 verfasste Text wurde in eine Zeit beginnender Säkularisierung, langsamer Austrocknung des Glaubens hinein verfasst. Der Tod Gottes (bzw. sein Nicht-Existieren) wird aber nur als Traum, im irrealen Raum, dargestellt und als schreckliches Ereignis gewertet. Den Menschen ist bewusst, was sie verlieren würden.

Die Parabelerzählung „Der tolle Mensch" von Friedrich Nietzsche aus dem Jahre 1881 erzählt von einem „tollen" (also ver-rückten) Mann, der wie eine Art Hofnarr den Menschen seiner Zeit den Spiegel (bzw. die Laterne) vorhält. Was seine Zeitgenossen nicht wahrnehmen, versucht er, ihnen bewusst zu machen: den Tod Gottes, der von den Menschen verursacht wurde, für die Gott keine Rolle mehr spielt. Dieser „Mord" ist längst geschehen, seine Auswirkungen werden aber erst in der Zukunft bewusst. Während der tolle Mensch auf den Ernst der Lage hinweist, machen sich daher seine Zuhörer zunächst über ihn lustig und reagieren dann befremdet. In metaphernreicher prophetischer Rede stellt der tolle Mensch dar, was die Menschheit verloren hat, Orientierung, um zugleich das Großartige, Zukunftsweisende des Geschehens herauszustellen. Der Mensch müsse nun an die Stelle Gottes treten, er müsse „göttlich" werden. Da die Masse ihn nicht versteht, zerschmettert er die Laterne der „Aufklärung. Das Licht eines neuen Menschen könne erst die Zukunft bringen.

In der Kurzgeschichte „Das Begräbnis" von Wolfdietrich Schnurre erhält der Ich-Erzähler eine Todesanzeige, die ihm den Tod Gottes („Von keinem geliebt, von keinem gehasst...") anzeigt und über Ort und Zeit des Begräbnisses informiert. Der Ich-Erzähler ist offensichtlich der Einzige, der diesem Ereignis eine, wenn auch geringe, Bedeutung zuweist und dann auch zur Beerdigung geht. Der Tod Gottes wird von den Menschen als selbstverständlich angesehen und gleichgültig behandelt. Die meisten nehmen ihn nicht einmal wahr.

Diese Kurzgeschichte aus dem Jahre 1947 reflektiert einerseits die Erfahrung von staatlichem Terror, Krieg und Zerstörung, in denen Gott als abwesend erfahren wurde, aber auch den Endprozess einer Austrocknung des Glaubens. Die Abwesenheit Gottes wird nicht mehr wahrgenommen, weil er für die Menschen in ihrem Alltag keine Rolle mehr spielt.

Einen solchen Glaubensverlust stellt die französische Schriftstellerin und Philosophin Simone de Beauvoir in ihrem autobiographischen Buch „Memoiren einer Tochter aus gutem Hause" (1958) dar. Die als Kind strenggläubige Simone war der Überzeugung, dass die göttliche Ewigkeit das irdische Leben relativiert. Sie entdeckt aber die Freuden des Lebens, aus dem sich Gott immer mehr herauslöst. Sie braucht sich nicht von ihm zu befreien, weil sie überrascht feststellt, dass er längst in ihrem Herzen abwesend ist und in ihr Leben nicht mehr eingreift („... ich schloß daraus, daß er für mich zu existieren aufgehört habe.").

Dirk Winkler erläutert in seinem Text „Atheismus als Grundlage des Humanismus" (2010), dass nur unter Verzicht auf den Gottesglauben humanes Leben möglich sei. Der Religion wirft er einerseits ungestrafte Gewaltanwendung vor, andererseits die Praxis, ethisches Verhalten mit Druck und Angst durchzusetzen.

Der Mensch brauche aber keinen „omnipotenten Aufpasser", weil er die Kriterien für richtiges Verhalten von Natur aus schon in sich trage. Niemand könne ihm die Verantwortung für sein Tun abnehmen, er solle daher „erwachsen" werden.

2.3 Gott als Projektion des Menschen

Grundlage: Ludwig Feuerbach: Das Wesen des Christentums
Gottfried Keller: Ich hab' in kalten Wintertagen

Projektion ist der zentrale Begriff in Ludwig Feuerbachs (1804-1872) Kritik am Gottesglauben. Was ist gemeint? - In einer Filmvorführung wird der kleine Filmstreifen auf eine große Leinwand projiziert. Der Kinobesucher erlebt die Filmhandlung als reales Geschehen. Wir reden auch von Traumfabrik. Denn real ist nur der kleine Zelluloid-Streifen, nicht die „erträumte" Handlung. So sei – laut Feuerbach – nur der Mensch real, Gott aber nur seine Projektion.

Ein Spaziergänger erschrickt vor einem riesigen Schatten an der Häuserwand, der ihn zu verfolgen scheint. Dann erkennt er, dass es sein eigener Schatten ist. So mache sich der

33

Mensch selber klein, indem er sich mit dem von ihm erfundenen Gott konfrontiert.

Menschen sind unvollkommene Wesen: Sie sind sterblich, in vielerlei Hinsicht abhängig und sehr beschränkt in ihren Fähigkeiten. Sie sind aber in der Lage, sich eine vollkommene Existenz vorzustellen, nach der sie sich sehnen. Ihre Selbstliebe ist nicht bereit, sich mit den eigenen Grenzen zu identifizieren. Um diesen psychologischen Widerspruch aufzulösen, habe der Mensch sich ein höchstes, vollkommenes Wesen erfunden.

Gott präsentiere also die Vorstellung eines vollkommenen Menschen, die aber als reale Existenz gedacht wird. Vor diesem vollkommenen Wesen stehend, erlebt sich der Mensch aber als unbedeutend, als nichtig. Indem er Gott also aufwertet, wertet er sich selber ab.

Diesen Prozess möchte Feuerbach mit seiner Kritik rückgängig machen. Der Mensch solle sich wieder seines eigenen Wertes bewusst sein und seine Kräfte auf die Gestaltung des Diesseits richten, statt auf ein jenseitiges, unsterbliches Leben zu spekulieren.

Mit dieser Theorie ist Ludwig Feuerbach der Wegbereiter der modernen Religionskritik. Alle seine Nachfolger greifen seine

Projektionstheorie auf und erweitern sie, indem sie neue Schwerpunkte setzen.

Karl Marx (1818-1883) betonte z.B. die Rolle der gesellschaftlichen und ökonomischen Verhältnisse, die den Menschen zu einem mit sich selbst entfremdeten Wesen machen. Er sieht die Religion (das Christentum) als eine Art Medikament, das an den Symptomen kuriert, aber die Ursachen der Krankheit nicht beseitigt, als eine Krücke, die das Leben erträglicher macht, die unerträglichen Zustände aber bestehen lässt. Es gehe darum, diese Zustände zu verändern.

Auch Sigmund Freud (1856-1939) sieht in der Religion eine Flucht vor der Wirklichkeit, die nicht verarbeitet, sondern verdrängt wird. Insofern ist sie für ihn eine kollektive Neurose. Statt einer solchen Ersatzlösung solle der Mensch anerkennen, dass seine Wunschbilder nicht in Erfüllung gehen, weil die Welt nicht dazu geeignet ist, seine tiefsten Sehnsüchte zu erfüllen und ihn glücklich zu machen. Er müsse der Realität ins Auge schauen und erwachsen werden.

Wie ist die Religionskritik Feuerbachs zu beurteilen? In 1.2 ist deutlich geworden, dass Menschen ihre Wünsche und Vorstellungen auf Gott projizieren. So besteht in der Religion eine ständige Gefahr, Gott (oder die Gottheit) zu vereinnahmen. Dass Feuerbach darauf hingewiesen hat, ist sein großes Verdienst. Ein „Kuschelgott" spiegelt nur einen selbst, kann aber als Dialogpartner nicht mehr ernst genommen werden. Im Grunde ist es wie bei einem Menschen in sozialen Netzwerken, der sich nur mit den eigenen Argumenten beschäftigt und sich so ständig bestätigt. Auch der biblische Gott diente häufig als Projektionsfläche für Israels Sehnsüchte. Aber er geht darin nicht auf. Er erweist sich in zentralen Situationen als unverfügbar und stellt die Selbstverständlichkeiten seiner Anhänger immer wieder in Frage (vgl. 3.1). Er verweigert sich so der Projektion der Menschen.

Hinzu kommt, dass der Projektionsvorgang nichts über die Existenz des „Objekts" aussagt. Auch wenn ich manches in meine Mitmenschen hineinprojiziere, so existieren sie dennoch, wenn auch vielleicht anders, als ich sie haben will. Auch das Essen ist mehr als die Projektion meiner Hungerbegierde.

Das Gedicht „Ich hab' in kalten Wintertagen" des Schweizer Dichters Gottfried Keller (1819-1890) ist eine literarische Verarbeitung von Feuerbachs Religionskritik. Zentral für das Verständnis ist die Metapher der Jahreszeiten. Der dunkle, hoffnungsarme Winter wird abgelöst durch den glänzenden, bunten Sommer, in dem das lyrische Ich den Einklang mit der

Natur empfindet. So nimmt es Jenseits und Unsterblichkeit als „Trugbild" wahr und erkennt im Diesseits das wahre „Vaterland", den Ort der Sinnlichkeit und Lebensfülle. Im Bild der Lilie akzeptiert es die eigene Sterblichkeit.

2.4 Gott ist weder nichts noch etwas

Grundlage: Zitate von Dietrich Bonhoeffer, Augustinus, Nikolaus Cusanus, Meister Eckhart
Ludger Verst: Christ sein ohne Religion?

Wenn du nämlich etwas aussagen willst und du hast es in Worte gefasst, dann ist es nicht Gott. (Augustinus, 354-430)

Das Zitat des Bischofs und Theologen Augustinus zeigt am deutlichsten, was gemeint ist: Weder unsere Gedanken noch unsere Sprache vermögen die Wirklichkeit Gottes zu erfassen. Das heißt, alles was wir über Gott denken und aussagen, mag ein Versuch sein, sich ihm anzunähern, ist aber streng genommen „falsch".

Einen Gott, den es gibt, gibt es nicht. (Dietrich Bonhoeffer, 1906-1945)

Gott ist weder nichts noch etwas. (Nikolaus von Kues, 1401-1464)

Beide Zitate zeigen in dieselbe Richtung. Wir sprechen einem Stuhl die Existenz zu, ebenso einem Schulgebäude, eine Rose existiert ebenso wie ein Vogel oder eine Schülerin des Religionskurses. Eine Existenz in diesem „fassbaren" Sinne können wir aber von Gott nicht aussagen. Er ist kein „Super-Lebewesen", viel stärker und mächtiger als selbst der mächtigste Mensch, allem überlegen, sondern er „ist" (das Wort passt nicht) etwas völlig Anderes, etwas, das wir nicht nur nicht in diese Kategorie fassen, sondern das wir gar nicht fassen können. Insofern ist er auch nicht in die Alternative Existenz oder Nicht-Existenz einzuordnen.

Als Sankt Paulus nichts sah, sah er Gott. (Meister Eckhart, ca. 1260-1328)

Der Theologe Eckhart bezieht sich hier auf eine Textstelle des NT. Paulus (hebräisch Saulus) hatte ursprünglich die Christen verfolgt und gelangte mit dieser Intention vor die Tore von Damaskus. Da traf ihn eine blendende Lichterscheinung, in der er die Gegenwart des auferstandenen Christus erkannte. Er erblindete, stürzte vom Pferd und musste in die Stadt geführt werden. Dort fastete und betete er drei Tage lang und erhielt von einem Mitglied der christlichen Gemeinde in Damaskus Unterweisung. In dieser Zeit erkannte er seine Aufgabe, das Christentum nicht zu verfolgen, sondern zu verkünden. Schließlich wurde er geheilt (Apg 9,1-22). Seine

Blindheit war der Wurzelgrund seiner Bekehrung. Ohne sinnlichen (optischen) Kontakt zur Außenwelt, war Paulus auf sich selber zurückgeworfen und dadurch in der Lage, die Botschaft Christi und seinen Auftrag zu vernehmen.

Meister Eckhart geht in seiner Deutung noch weiter. Nur wer sich der völligen Dunkelheit aussetzt, vermag Gott zu erkennen. Wer bereit ist, seine Sinne völlig schweigen zu lassen, dem kann Gott sich zeigen, der sonst völlig unzugänglich ist. Nicht der Mensch sucht also Gott, sondern Gott sucht den Menschen auf, der innerlich dazu bereit geworden ist. Hier wird schon die Mystik Meister Eckharts deutlich (vgl. 2.5).

Den hier skizzierten Ansatz nennt man negative Theologie. Dieser Begriff kann leicht missverstanden werden. Es geht nicht darum, Gott wegen negativer Eigenschaften zu kritisieren. Das Wort „negativ" ist formal gemeint. Eine negative Aussage ist eine Aussage, die etwas verneint. So ist der Satz „Der Schüler ist nicht faul" formal negativ, auch wenn inhaltlich etwas Positives gemeint ist.

Negative Theologie hat also das Anliegen zu verneinen, was über Gott gesagt werden kann. Gott ist nicht vergänglich, sichtbar, räumlich, aber er ist auch nicht im menschlichen Sinne weise, gerecht, gütig. Diesen Begriff kann man nur analog auf Gott anwenden. Negative Theologie macht deutlich, dass man über Gott nichts Angemessenes aussagen kann, und stellt damit die Bankrotterklärung einer zu naiv „menschelnden" Theologie dar. Dass alle menschliche Rede über Gott unangemessen ist, ist seit 1215 verbindliche Lehre der Kirche.

Der evangelische Theologe Dietrich Bonhoeffer wurde als kirchlicher Widerstandskämpfer von den Nationalsozialisten gefangen genommen und schließlich hingerichtet. Die Erfahrung zunehmender Gottlosigkeit in der modernen Welt animierte ihn dazu, einen neuen theologischen Ansatz zu konzipieren.

Bonhoeffer kritisiert die Aufspaltung der Welt in eine Welt Gottes und die diesseitige, alltägliche Welt. Diese Aufspaltung berge die Gefahr, dass die Christen sich in ihrem Sonderbereich einrichten und sich nicht mehr um das weltliche Geschehen kümmern, dass zugleich die Welt sich nicht mehr um die Botschaft Christi schert.

Den theologischen Grund für diese folgenreiche Aufspaltung sieht Bonhoeffer im Glauben an einen Gott, der, außerhalb der Welt und ihr gegenüber, wie ein „deus ex machina" (Theaterterminus: ein von oben kommender „Gott in der Maschine") in sie eingreifen könne. Die sonst verborgene

Einheit von Gott und Welt könne im Vertrauen erkannt werden.

Bonhoeffer fordert ein „religionsloses Christentum", in dem der Mensch darauf verzichtet, mit seinen Vorstellungen und seinen Riten Gott für seine Zwecke zu vereinnahmen. Wer Gott, der nicht bestochen werden kann, in seinem Inneren erkennt, könne zu Gott reden, ohne dieses Wort ständig zu gebrauchen. Nicht der Mensch suche den Weg zu Gott, sondern Gott begebe sich zu dem Menschen. Dieser solle sich als „Hörender" bereit machen, damit Gott bei ihm ankommen könne.

Vorbild für diese Haltung sei Jesus von Nazaret, in dem Gott den Menschen mit einem menschlichen Antlitz begegnet. Jesus hat nicht in der feierlichen Sprache des Kultes oder der abgehobenen Sprache der Theologen gesprochen, sondern mit einfachen Menschen in der Sprache des Alltags. Seine Gleichnisse hat er aus dem Erfahrungsraum der kleinen Leute genommen. Seine Rede bezieht sich auf diese Welt. Er vertröstet nicht auf eine unverfängliche Zukunft, sondern lindert Leiden jetzt und hier. In einem herkömmlichen Sinne sei er ein völlig unreligiöser Mensch gewesen. Ähnlich komme es auch beim Christen nicht auf den religiösen Akt an, sondern darauf, Gottes Leiden mit der Welt im alltäglichen Vollzug mitzuvollziehen.

Der Mensch soll sich also ganz auf diese Welt einlassen, seine Aufgaben erfüllen, seine Erfahrungen machen, Misserfolge und Ratlosigkeiten ertragen und, wenn möglich, überwinden. Es wäre falsch, diese Welt vorzeitig aufzugeben und sich „heiligen Dingen" zuzuwenden. Es wäre auch falsch, auf Gottes hilfreiches Eingreifen zu warten.

Da Gott nicht in die Welt eingreift, müsse der Mensch eigenverantwortlich sein Leben gestalten, „als ob es Gott nicht gäbe". „Vor und mit Gott leben wir ohne Gott."

2.5 ... das Wasser sucht die Durstigen ebenfalls

Grundlage: Fernsehsendung: Aller Bilder ledig
Sieger Köder: Die Frau am Jakobsbrunnen
Simone Weil: Die Tür

„Erlebst du, was du glaubst?" Dieser Titel eines Buches von Beatrice Bruteau aus dem Jahre 1998 wies mich erstmals auf die Frage hin, die östliche Religionen dem lateinischen Christentum stellen: Besteht euer Glaube vielleicht nur auf dem Für-Wahr-Halten auswendig gelernter Formeln und

Definitionen? Wie steht es um den Erfahrungswert des Glaubens, um seine lebendige Grundierung?

Wir haben in 2.4 festgestellt, dass selbst die „genialste" Formulierung dem Geheimnis Gottes nicht gerecht werden kann. Aber müssen Menschen Gott nicht erfahren, um wirklich überzeugt und überzeugend an ihn glauben zu können?

Die Mystik bietet einen Weg, Gott im eigenen Inneren zu finden, dort, wo er uns am nächsten ist. Jeder bleibt dazu aufgerufen, diesen Weg nach innen selbst zu gehen. Diese Erfahrung ist also nicht auf religiöse Gemeinschaften und hierarchische Vermittler angewiesen, was dieser religiösen Richtung, die es in allen Religionen gibt, stets Ärger mit den Institutionen eingebracht hat. Dies musste auch Meister Eckhart erleben, der sich vor der Inquisition rechtfertigen musste und von dem einige Aussagen verurteilt wurden.

Der Dominikaner-Mönch Eckhart von Hochheim war einer der führenden Intellektuellen seiner Zeit. Er ließ sich in Paris zum Magister (Meister) promovieren und wurde dort zweimal an den für ausländische Theologen reservierten Lehrstuhl berufen, was vor ihm nur Thomas von Aquin gelang. Neben seiner wissenschaftlichen Tätigkeit war er als „Manager" seines Ordens aktiv. Er organisierte Klöster und die immer wichtiger werdende Stadtpastoral. Er lebte also in der Welt und keineswegs zurückgezogen für religiöse Sentimentalität. Seine mystischen Lehren erwuchsen aus seinem theologischen Ansatz und sprachen ebenfalls die Menschen in dieser Welt an.

Ausgangspunkt von Eckharts Überlegungen ist die Erkenntnis, dass Gott das Sein ist. Dann sei aber alles Seiende kein Gegenüber Gottes, sondern habe Gott immer schon in sich. Eckhart spricht vom Seelengrund oder vom Fünklein. Im Bild: Jeder von uns hat in seinem Inneren einen kostbaren Schatz. Er weiß es aber nicht, weil er im Laufe seines Lebens allerlei Überflüssiges und Unrat darüber geworfen hat, sodass der Schatz völlig bedeckt und unsichtbar ist. Es gilt also, den ganzen Müll Zug um Zug zu entfernen, damit der noch unsichtbare Schatz offen gelegt wird.

Oder im Bild von Eckhart selbst: Wer ein Glas mit Wasser vor sich stehen hat und aus diesem Glas kostbaren Wein trinken möchte, muss das Wasser zuerst ausgießen, bevor es den Wein aufnehmen kann. Denn sonst verbleibt nur stark verwässerter Wein, von dem zudem das meiste wieder über den Rand des Glases rinnt. So muss gleichsam der Mensch ausgegossen werden, um Gott aufnehmen zu können.

Die Menschen, die diese Konsequenz nicht aufbringen, vergleicht Eckhart mit Kaufleuten. Sie bemühen sich, nichts

Unrechtes zu tun und religiöse Pflichten zu erfüllen, in der Erwartung, von Gott etwas dafür zu erhalten, vielleicht Gesundheit oder Reichtum, mindestens aber das ewige Leben. Sie sind bereit, das eine für das andere zu geben, und behandeln Gott damit wie ein Gegenüber, das ich gnädig stimmen kann. Es ist ihnen nicht bewusst, dass Gott ihnen immer schon das geschenkt hat, was sie brauchen.

Es gilt also für den Menschen, ein „lediges Gemüt" zu haben, sich aller Dinge zu entledigen. „In dieser Kraft", sagt Meister Eckhart, „gebiert der Vater den Sohn auch in dir." Wer alles loslässt, an nichts wirklich hängt, vermag das Göttliche in sich selbst zu entdecken. Empfinde der Mensch nämlich Leid um vergängliche Dinge, zeige das, dass er diese Dinge noch liebt und Gott nicht mit seiner ganzen Kraft lieb hat.

Es geht hier nicht um religiöse Begeisterung, sondern um die Hingabe an das ganze Leben mit Freud und Leid, das immer schon vom göttlichen Lebensstrom ergriffen ist. „Dein Wille geschehe" (Mt 6,10), beten Christen täglich. Meister Eckhart ist der Überzeugung, dass das, was Gott dem Menschen gibt, das Beste für ihn ist.

Eine ähnliche Haltung zeigt Dietrich Bonhoeffer wenige Monate vor seiner Hinrichtung in seinem bekannten Gedicht „Von guten Mächten wunderbar geborgen". Darin heißt es:

Und reichst du uns den schweren Kelch, den bittern des Leids, gefüllt bis an den höchsten Rand, so nehmen wir ihn dankbar ohne Zittern aus deiner guten und geliebten Hand.

Diese Haltung ist anspruchsvoll und nur schwer zu akzeptieren. Sie ist aber aus dem Ansatz Meister Eckharts heraus verständlich. Wenn Gott das Sein ist, dann ist alles Göttliche in dem, was mir zustößt, und ich kann Gott nicht verloren gehen, wenn ich mich ganz auf dieses Leben einlasse.

In dem Bild des katholischen Pfarrers und Malers Sieger Köder sehen wir eine Frau mit rötlich braunen Haaren in einem roten Kleid, die über einen runden Rand in das Wasser eines Brunnens blickt. Der Betrachter des Bildes sieht die Frau von unten, befindet sich aber noch über der Wasserfläche, sodass er beides im Blick hat. Der Brunnen ist aus hellblauen Steinen gemauert, die teilweise schmutzig sind. Unten sehen wir eine saubere, leicht grünliche Wasserfläche. In ihr spiegelt sich das Gesicht der Frau, daneben aber das Gesicht eines Mannes, der am Brunnenrand nicht zu sehen ist.

Das Bild spielt auf die Begegnung Jesu mit der samaritischen Frau am Jakobsbrunnen (Joh 4,5-29) an. Jesus bittet in einer

Stadt Samarias eine Frau, für ihn Wasser zu schöpfen. Das ist überraschend, weil er eine mit den Juden verfeindete „Ausländerin" anspricht. Beide kommen in ein Gespräch über den wahren Ort religiöser Verehrung, und Jesus sagt, dass er Wasser anbieten könne, das niemals mehr durstig macht, eine Anspielung auf die Taufe. Er offenbart ihr, dass ihre Persönlichkeit und ihre Lebensgeschichte ihm nicht verborgen sind. Er wisse, dass sie sexuell sehr freizügig gewesen sei. Die Frau fühlt sich erkannt, aber zugleich als Mensch angenommen und informiert ihre Mitbürger über dieses Ereignis.

Auf diese Geschichte weist das Bild hin. Das rote Kleid (und wohl auch die Haare) weist in der religiösen Bildsymbolik (Ikonographie) auf die sexuelle Freizügigkeit der Frau hin. Indem sie in die Tiefe des Brunnens schaut, sieht sie sich selbst und zugleich Christus. Sie kann ihr Leben mit dem Blick Christi betrachten und ihr wahres Wesen erkennen. Zugleich fühlt sie sich von Christus angenommen. Der Blick in die Tiefe des Brunnens steht symbolisch für den Blick in das eigene Innere. Wer bereit ist, sich selber ohne Vorbehalte zu betrachten, der findet den wahren göttlichen Kern in sich.

Das Gedicht „Die Tür" („Die Pforte") von Simone Weil (1941/42) zeigt uns zunächst den Kontrast von Realität und

Sehnsucht. Die reale Gegenwart wird im Bild einer langen, staubigen, feindliche Straße dargestellt. Das lyrische Wir zeigt sich heimat- und orientierungslos. Die Sehnsucht richtet sich darauf, hinter „die" verschlossene Tür zu gelangen, hinter der Obstgärten, Blumen, kühles Wasser vermutet werden. Das Wir versucht mit Gewalt die Tür zu öffnen, bleibt aber erfolglos und verliert alle Hoffnung. In dem Moment, wo das Wir die Bemühungen aufgegeben hat und resigniert beginnt, sich abzuwenden, öffnet sich die Tür von selbst. Überraschend sind hinter der Tür keine Gärten zu sehen, sondern eine große Stille, „der grenzenlose Raum aus Leere und Licht … füllte das Herz ganz aus". Das lyrische Wir hat das traditionelle Bild des Paradieses vor Augen, taucht aber stattdessen in die Stille ein, in den Zustand, in dem einen nichts mehr ablenkt, um sich das Herz vom göttlichen Licht füllen zu lassen. In dem Augenblick, als scheinbar nichts mehr geht, alle eigenen Bemühungen umsonst sind, kann eine andere Wirklichkeit in einem aufbrechen.

Die Jüdin Simone Weil entwickelte sich zunächst zur gewerkschaftlich engagierten Sozialistin, bevor sie ihre Nähe zum Christentum entdeckte. Sie ließ sich aber nicht taufen. In ihrem Exil in England hungerte sie sich in Solidarität mit ihren jüdischen Glaubensgenossen, die von den Nationalsozialisten verfolgt wurden, zu Tode. Das Gedicht kann also auch politisch interpretiert werden. Dann ist das Schicksal der Flüchtenden dargestellt, die von dem Vichy-System in Frankreich darin gehindert werden, die Freiheit zu erlangen.

Das Zitat „... das Wasser sucht die Durstigen ebenfalls" stammt vom persischen Sufi-Mystiker Rumi (1207-1273) und bestätigt aus der Sicht der islamischen Mystik, dass Gott von sich aus im Gläubigen wohnt, wenn dieser bereit ist, sich von Ich-Sucht, Gier und Zorn zu befreien. Der Mystiker versteht sein ganzes Leben als Weg zur Einheit mit Gott.

3 Überwältigt von der Erfahrung Gottes

3.1 Auch Freiheit will gelernt sein
Grundlage: Ex 3,1-15
Marc Chagall: Moses und der brennende Dornbusch Ex 14

Ex 3 ist zunächst eine Berufungsgeschichte, wie wir sie in ähnlicher Form in der Bibel häufiger lesen. Gott wählt sich einen Menschen aus, der seinen Auftrag zum Wohl des Volkes erfüllen soll. Wie in allen diesen Texten trifft dieses Geschehen Mose überraschend und unvorbereitet, „wie aus heiterem Himmel". Und wie bei den meisten dieser Geschichten wehrt er sich, findet Einwände. Von Gott berufen zu werden, ist nicht wie eine Ordensverleihung, die man stolz über sich ergehen lassen kann. Es ist die Zumutung, dass man mit seinen bescheidenen Kräften und Möglichkeiten „die Karre aus dem Dreck zieht", dass man „ohne doppelten Boden" bereit ist, seinem Leben eine neue Richtung zu geben. Aber kann man dem, der das verlangt, trauen? Bei Mose kommt hinzu, dass er ihn noch nicht einmal kennt. Dieser Gott muss sich erst vorstellen.

Warum heiße ich Axel? Meinen Eltern gefiel der Klang des Namens, mehr haben sie sich dabei nicht gedacht. Weder forschten sie der Bedeutung dieses Namens nach (Vater des Friedens) noch machten sie sich Gedanken über einen Namenspatron, denn einen heiligen Axel gibt es nicht. In der Bibel ist das anders. Der Name benennt das Wesen einer Person, er hat symbolische Bedeutung auch über diese Person hinaus (vgl. meine Ausführungen zu Jakob in Jgst. 11). So gibt etwa der Prophet Hosea seinen Kindern die Namen „Kein Erbarmen" und „Nicht mein Volk", um Gottes Reaktion auf Israels Untreue zu charakterisieren. Arme Kinder, aber vielleicht ist das auch nur literarische Fiktion.
Israels Gott heißt Jahwe, aber dieser Name ist sehr alt und hat etwas Fremdes. Israel weiß nicht, was dieser Name bedeutet. Diese Frage soll durch Ex 3 geklärt werden, und die

Antwort wird in Beziehung gesetzt zu der entscheidenden Rettungstat, die dieses Volk überhaupt erst ermöglicht und diesen Gott in seine Funktion gesetzt hat. Texte, die die Aufgabe haben, bestehende Zustände zu erklären, nennen wir Ätiologien.

יהוה (hwhj, Hebräisch wird von rechts nach links gelesen, Vokale werden nicht geschrieben) ist der Gottesname Israels. Den Theologen der damaligen Zeit fiel die Ähnlichkeit mit dem Verb hjh auf, das leben, existieren, wirksam sein bedeutet. Sie versuchten also eine etymologische (wortgeschichtliche) Herleitung. Die katholische Einheitsübersetzung übersetzt mit „Ich bin da". Mit dieser Erklärung stellt sich Jahwe also vor. Das Wort kann aber ebenso futurisch gelesen werden: „Ich werde wirksam sein." Gegenüber Mose ist es also ein Zuspruch, eine Art Programm: Du kannst dich auf meine Wirksamkeit und damit auf meine Hilfe verlassen. Deine Mission wird Erfolg haben, weil ich hinter dir stehe. Zugleich verdeutlicht die lapidare Formel aber auch die Unverfügbarkeit Jahwes. Wenn im Namen das Wesen der Person enthalten ist (vgl. das Märchen vom Rumpelstilzchen), dann bedeutet „Ich bin der ‚Ich-bin-da'", dass man auf diesen Gott keinen magischen Einfluss nehmen kann. Er bleibt Herr seiner Entscheidungen.

Jahwe ist aber nicht die einzige Gottesbezeichnung in Ex 3. Er nennt sich auch „Gott deines Vaters, der Gott Abrahams, der Gott Isaaks und der Gott Jakobs". Damit identifiziert er sich mit dem Vätergott. Die semitischen Sippen, die später zusammenkamen und das Volk Israel bildeten, waren Halbnomaden, die mit ihren Herden je nach Jahreszeit zwischen dem fruchtbaren Kulturland und der kargen Steppe hin und her wanderten. Sie verehrten jeweils eine Gottheit, die die Sippe vor Krankheiten und Gefahren schützte und mit ihr immer auf dem Weg war. Abraham, Isaak und Jakob waren wohl die Stammväter unterschiedlicher Sippen, die die biblischen Schriftsteller später zu Verwandten gemacht haben. Der Autor von Ex 3 identifiziert nun die verschiedenen Sippengötter mit dem Befreiungsgott der „Exodus-Gruppe". So wie diese Gruppen in Israel ein Volk bildeten, so sind die Götter, die sie leiteten, in Wahrheit ein und derselbe Gott.

Mose soll das Volk aus Ägypten herausführen. Es kam in der Geschichte Ägyptens immer wieder vor, dass halbnomadische Gruppen in Zeiten größerer Dürre in das Niltal einwanderten, um die notwendige Nahrung zu finden. Je nach der vorherrschenden Politik wurden sie besser oder schlechter behandelt. In der Zeit Ramses II. (1279-1213 v. Chr.) wurden diese Gruppen zur Zwangsarbeit herangezogen, um die gigantischen Bauprojekte des Pharaos zu ermöglichen. Sie mussten Lehmziegel für die Gebäude herstellen und wurden zu einer bestimmten Arbeitsleistung am Tag gezwungen. Anlass für das nun folgende Geschehen ist eine Verschlechterung der Arbeitsbedingungen. Die Zwangsarbeiter mussten nun auch das Stroh selber sammeln, das sie für die Ziegel benötigten, sollten aber dieselbe Anzahl an Ziegeln fertigstellen. Widerstand und Protest wurden gnadenlos niedergeknüppelt. Der Gott Jahwe erbarmt sich nun dieser Entrechteten und will ihnen Recht verschaffen. Er will sie nicht nur befreien, sondern ihnen als Voraussetzung für gelebte Freiheit ein eigenes Land schenken.

Im Gemälde „Moses und der brennende Dornbusch" (1960-1966) erkennt man im Zentrum den Dornbusch, hinter dem ein Engel in einem strahlenden Lichtkreis erscheint. Der Jude Chagall malt natürlich nicht Gott selber, sondern seinen Boten (angelos = der Bote). Der Engel ist gleichsam die Stimme Gottes, und Gott ist das Feuer, das nicht vernichtet, sondern eine neue Wirklichkeit schafft.
Links vom Dornbusch kniet Mose. Er hat aus Ehrfurcht seine Schuhe ausgezogen. Seine Schafe weiden im Hintergrund. Von der Engelserscheinung ist Mose lichterfüllt, sein Körper

leuchtet hell und von seinem Kopf gehen Strahlen aus. Gottes Kraft ist auf ihn übergegangen.

Es hat eine lange Tradition in der religiösen Kunst, mehrere Geschehnisse in einem Bild nebeneinander zu zeigen. So ist Mose im rechten Teil des Bildes noch einmal zu sehen. Dargestellt ist die Rettung des Volkes im Schilfmeer. Israel und die nachrückenden Ägypter werden durch eine Wolke voneinander getrennt. Jahwe verwirrt die Ägypter, die in den Fluten umkommen, während die Israeliten ruhig weiterziehen. Mose wird als Kopf dargestellt, dessen Körper das Volk Israel ist. Zugleich blickt dieser Kopf auf die Gesetzestafeln. Das macht deutlich, dass es letztlich Gottes Führung ist, die Mose und damit das ganze Volk leitet. Die bestimmende Farbe des Bildes ist das für Chagall typische Blau. Der obere, „transzendente" Bereich ist aber weitgehend grün. Auch der Kopf des Mose ragt in diesen Bereich hinein, denn er hat die Weisung Gottes, die den Menschen ihre Freiheit erhalten soll (vgl. Jgst. 13/I) auf „Gottes Berg" erhalten.

Wenn Juden das Pesach-Fest begehen, versuchen sie, sich so lebendig wie möglich den Auszug ihrer Vorfahren aus Ägypten zu vergegenwärtigen. Jeder Feiernde soll sich so fühlen, als sei er selber aus Ägypten herausgeführt worden. Auch die biblischen Texte sind Zeugnisse einer solchen

Erinnerung. Sie sind Jahrhunderte nach dem Ereignis geschrieben worden, und die Autoren haben ihre Vorstellungen (z.B. zur Lokalisierung) und theologische Konzeptionen (steht mehr Mose oder mehr Gott im Mittelpunkt) in die Erzählung eingebracht. Diese verschiedenen Quellen wurden später zu einer (einigermaßen) einheitlichen Darstellung zusammengefügt.

Im Mittelpunkt von Ex 14 steht aber ein Machtkampf. Der unbekannte Gott Jahwe erweist sich gegenüber dem mächtigen Pharao, dem Sohn des Gottes Amun, als der Stärkere. Um seine Macht zu zeigen, verhärtet er das Herz des Pharao, sodass dieser die Verfolgung aufnimmt. So zerschlägt er am Ende die Arroganz und die überlegene Ausstattung seines Gegners und demonstriert zugleich Israel seine Macht, aber auch seine befreiende Zuwendung. Das gewaltsame Vorgehen Jahwes kann manchen Leser irritieren, weil Gott ja auf das Wohlergehen aller Menschen bedacht sein sollte. Aber uns wird in der Bibel ein parteiischer Gott dargestellt, der sich für die Schwachen und Unterdrückten und gegen ihre Unterdrücker einsetzt.

Im Kontrast zu diesem Verhalten steht das immer wieder aufkommende Meckern der Israeliten (hier Ex 14,11f.). Es ist so schrecklich einfach, in Unfreiheit zu leben, denn andere treffen die Entscheidungen für einen selbst. Zwar stöhnt man unter dem Druck, doch bleibt man am Leben und bekommt die Nahrung, die man benötigt. Wer lange genug unfrei war, der empfindet die Freiheit u.U. als Überforderung, denn er muss nun eigene Entscheidungen treffen und für sein Handeln Verantwortung übernehmen. Dieses Meckern wird die Wanderung der Israeliten durch die Wüste begleiten (z.B. Ex 16,2f.).

3.2 Kleine Entwicklungsgeschichte des biblischen Monotheismus

Grundlage: Lehrerreferat

Der Exodus (Auszug der Israeliten aus Ägypten) ist die theologische Grunderfahrung Israels. Wir dürfen uns aber kein großes Volk auf der Wanderschaft vorstellen, es war wohl zunächst eine kleine semitische Gruppe, die sich aus der Abhängigkeit befreien konnte. Diese Gruppe berief sich darauf, von einem Gott namens Jahwe die entscheidende Hilfe erhalten zu haben. Dieser Gott war ursprünglich wohl ein Wettergott im nördlichen Bereich Arabiens. Die wahre Bedeutung des Namens Jahwe ist wahrscheinlich „Er weht". Ex 3 beginnt damit, dass Mose die Schafe seines Schwieger- vaters Jitro hütet. Jitro war Priester der Midianiter, einer

Volksgruppe in Nordarabien. Vermutlich ist dieser Gott also von dort übernommen worden.

Später vermischte sich die Exodus-Gruppe mit anderen nomadisierenden semitischen Sippen und mit unterprivilegierten Gruppen, die schon im Lande Kanaan lebten. Auch die religiösen Vorstellungen und Erfahrungen dieser verschiedenen Gruppen wurden miteinander verbunden (vgl. 3.1). Die Exodus-Gruppe brachte aber die überzeugendste religiöse Erfahrung mit und behielt daher bei der Interpretation der Religion Israels die Vorderhand.

Jahwe kam als fremder Gott ins Land Kanaan und machte dort Karriere. Unter David wurde er Gott der regierenden Dynastie, unter Salomon Reichsgott und Stadtgott Jerusalems. Freilich wurden bis in die späte Königszeit hinein mehrere Gottheiten verehrt.

Ab dem 7. Jahrhundert vor Christus gewann die Jahwe-allein-Bewegung immer mehr Bedeutung. Juda sollte nur Jahwe verehren, das war die Forderung. So entwickelte sich als Zwischenglied zwischen Polytheismus (Verehrung vieler Götter) und Monotheismus (Verehrung nur eines Gottes) die Monolatrie, d.h. es gibt zwar viele Götter, aber Juda soll nur einen, seinen Gott verehren.

Historischer Hintergrund dieser Entwicklung ist die Teilung des Reiches Salomos in ein Nordreich Israel und ein Südreich Juda (mit der Hauptstadt Jerusalem) im Jahre 926 v.Chr. und der Untergang des Nordreiches 722 v.Chr., den die Propheten auf den „Ehebruch" des Volkes mit anderen Göttern zurückführten. Gleichzeitig blieb Juda von der assyrischen Aggression verschont, eine Belagerung Jerusalems wurde abgebrochen. Es entwickelte sich die Vorstellung, dass Jerusalem als der Sitz Jahwes („auf dem Zion") nicht eingenommen werden kann. König Joschija (641-609 v.Chr.) monopolisierte den Kult auf den Tempel in Jerusalem.

Die Propheten, unter denen Elija (ca. 900-849 v. Chr.) eine herausgehobene Stellung besitzt, forderten ein exklusives Verhältnis zwischen Jahwe und seinem Volk. Es entwickelte sich das Motiv der Eifersucht Jahwes (besonders bei Hosea, 750-725 v.Chr.). Andere Gottesvorstellungen wurden nicht mehr in den eigenen Glauben integriert, sondern abgestoßen und beschimpft. Andere Götter waren „Nichtse" oder „Scheiß-Götter".

Und dann kam die Katastrophe. Im Jahre 586 v.Chr. eroberte der babylonische König Nebukadnezar Juda, zerstörte Jerusalem mit seinem Tempel und deportierte die Oberschicht in das Gebiet von Babylon (Babylonisches Exil), damit sich die

Juden mit anderen Völkern mischen und ihre Freiheitsliebe und Aufsässigkeit vergessen.

Ein Tempelkult war nicht mehr möglich, die Religion Israels in ihrer größten Krise. Denn hatte sich Jahwe nicht als zu schwach erwiesen? Hatte er nicht gegen Marduk, den Stadtgott Babylons, verloren? Propheten und Priesterkreise entwickelten die Theologie weiter und erarbeiteten neue Ansätze. Jahwe hatte nicht verloren, er hat Juda für seine Sünden, die seit langer Zeit von den Propheten kritisiert wurden, bestraft. Er hat das ganze Geschehen in der Hand und bedient sich der Hand der Babylonier, um Juda wieder auf den rechten Weg zurückzubringen. Dann aber werden die Verstoßenen zurückkehren in ihr Land. Wenn aber Jahwe das ganze politische Geschehen in der Hand hat und auch andere Völker leitet, dann muss er der Gott aller Menschen sein, dann muss er die Welt und den Menschen geschaffen haben und dann muss es nur diesen einen, einzigen Gott geben, wenn er auch zu Israel/Juda ein besonderes Verhältnis hat. So führte die Zeit des Exils zum Durchbruch des Monotheismus.

Als Ersatz für den Tempel entwickelte sich die Institution der Synagoge, die Tieropfer und Weihrauchspenden wurden durch Gebet und Schriftlesungen ersetzt (vgl. Ps 141,2). Aus der Israelitischen Religion entwickelte sich Zug um Zug das

Judentum. Die Hierarchie der Priester wich demokratischeren Strukturen. Zwar wurde der Tempel später wieder aufgebaut (und im Jahre 70 endgültig zerstört), doch war diese Entwicklung nicht aufzuhalten. Erst jetzt gewann auch der Sabbat (von Freitagabend bis Samstagabend) seine entscheidende Funktion als wöchentlicher Feiertag. Er half mit, dass die Exilierten ihre Identität fanden und behielten. Eine jüdische Redensart lautet: „Nicht Israel hält den Sabbat, sondern der Sabbat hält Israel."

538 v.Chr. beendete der Perserkönig Kyros, der Babylon erobert hatte, die Zeit des Exils. Viele Juden kehrten in ihr Land zurück.

Was jetzt noch kommt, ist Nachtrag und Weiterentwicklung. In den Jahrhunderten vor Christi Geburt wird Gott transzendenter (jenseitiger) gesehen, er greift nicht mehr selber ein. Es entwickelt sich ein Heer von Engeln, die Gottes Befehle ausführen, aber auch die Vorstellung vom Widersacher (dem Satan), der zunächst als Nein-Sager oder himmlischer Staatsanwalt seine Funktion im Bereich Gottes behält. Mit der „Frau Weisheit", die vor Gott spielt und Anteil an der Schöpfung hatte, nimmt das weibliche Gesicht Gottes eigenständige Gestalt an.

3.3 Wenn Gott mit uns ist, wer ist dann gegen uns?

Grundlage: Meinrad Limbeck: Das Reich Gottes ist da!

Das kleine Zitat ist häufig übersehen worden, es verdeutlicht aber, wie Jesus sein Bild von Gott und seine Botschaft (das Evangelium) gewonnen hat: „Ich sah den Satan wie einen Blitz vom Himmel fallen." (Lk 10,18) Hier wird skizzenhaft eine Erfahrung, eine Vision dargestellt, die Jesu Gottesbild radikal verändert hat. Der Satan galt damals nicht als der universale Widersacher, sondern hatte seine Rolle im Machtbereich Gottes: als eine Art himmlischer Staatsanwalt. Er achtete auf die Verfehlungen der Menschen und wies Gott auf alles hin, was bestraft werden sollte. Er sah sehr deutlich die Unvollkommenheit des Menschengeschlechts und war der Garant für unerbittliche Gerechtigkeit.

Der Sturz des Satans bedeutet, dass niemand den Menschen mehr anklagt. Vielleicht war Gott früher der strenge Richter, jetzt geht er den Menschen aber entgegen und hält ihnen die Hand der Vergebung hin. Sie müssen diese Hand nur noch ergreifen. Die Botschaft „Kehrt um" (Mk 1,15) richtet sich also nicht nur an die Menschen, Gott selber hat die entscheidende Umkehr vollzogen.

Damit unterscheidet sich Jesus grundlegend von der Botschaft Johannes des Täufers, der häufig als sein Vorläufer bezeichnet wird. Johannes, zutiefst überzeugt von der Bosheit der Menschen, predigt das nahe Gericht: „Die Axt ist schon an die Wurzel der Bäume gelegt." (Mt 3,10) Der Täufer will den Sünder durch Angst dazu veranlassen, sein Leben im letzten Augenblick zu ändern.

Seine neue Sicht von Gott praktiziert Jesus in seinem Umgang mit den „Sündern". Dieser Begriff ist etwas schwammig, da eigentlich nur Menschen als Sünder bezeichnet wurden, die bewusst und aus Herzenshärte Gott verachteten und die Gebote übertraten. Denn Sünden begehen ja alle Menschen. Dies drohte aber häufig aus dem Blick zu geraten, wenn z.B. Schriftgelehrte sich bemühten, so umfassend wie möglich Gottes Gebote zu halten und auf die herabsahen, die das nicht konnten (z.B. Hirten, die auch am Sabbat für ihre Tiere sorgen mussten) oder die aus sozialen Gründen dazu getrieben wurden (z.B. Prostituierte). Besonders verabscheuungswürdig war es aber, wenn Zolleinnehmer auch noch für die römische Besatzungsmacht arbeiteten und ihren eigenen Vorteil dabei wahrnahmen (z.B. Lk 8,9-14). Wenn aber Gott den Menschen mit seiner Gnade entgegenkam, dann müssen die Menschen das Gleiche tun.

Und so sprach Jesus diese Sünder an, ließ sich von ihnen zum Essen einladen (ein unerhörter Vorgang, weil gemeinsames Essen Gemeinschaft bedeutet) und rief sie in seine Nachfolge. Es ist kein Wunder, dass Jesus als „Fresser und Säufer, als Freund der Zöllner und Sünder" (Mt 11,19) beschimpft wurde. Er aber berief sich darauf, dass der Arzt sich ja auch an die Kranken wende und nicht an die Gesunden (Mt 9,12).

Das Evangelium Jesu ist die Botschaft, dass Gott nicht der Widersacher, sondern der barmherzige Vater (Abba bedeutet eher Papa) der Menschen ist. Paulus fasst diese Zuversicht in dem Satz zusammen: „Wenn Gott für uns ist, wer ist dann gegen uns?" (Röm 8,31)

3.4 Selig, die vor Gott arm sind

Grundlage: Informationsblatt zum Vater unser

Jesus sprach Menschen seiner Zeit mit Beispielgeschichten ihres Alltags an, er schenkte ihnen neue Lebensmöglichkeiten durch seine heilende Begegnung. Er erhob den Anspruch, dass durch sein Wirken das Reich Gottes schon gekommen sei (Mt 11,4f.), wenn auch sicher noch nicht in vollendeter Gestalt. Jesus lehrte also nicht zu sterben, sondern die Kunst des Lebens. Wie aber ist gelingendes Leben möglich, welche Lebensweisheit predigt Jesus?

Wenn Gott sich in Liebe und Barmherzigkeit den Menschen zuwendet, dann sollen sich die Menschen untereinander nach diesem Beispiel verhalten (Mk 12,31; Röm 13,9). Sie können dem Mitmenschen gelassen und mit Zuwendung begegnen, sich über sein Glück freuen und müssen nicht verkrampft nur an den eigenen vermeintlichen Vorteil denken. Sie können sich aus der Hand geben im Vertrauen darauf, dass die Zukunft des Reiches Gottes ausschließlich durch das souveräne Handeln Gottes geschaffen wird.

Daher sind die Menschen frei von dem Zwang, für alles selbst verantwortlich zu sein und alles in der Hand haben zu müssen. Sie können auch ihr Scheitern und ihre Grenzen annehmen, ohne zu verzweifeln oder die eigenen Niederlagen zu verdrängen.

Wer im Sinne Jesu handelt, lebt in der Gegenwart. Weder trauert er dem Vergangenen nach, noch lässt er sich von Sorge um das zukünftige Geschehen aufreiben. Er stellt sich dem, was der Tag von ihm fordert, was notwendiges Planen aber nicht ausschließt. So wie Gott für alles Leben sorgt, so wird er auch den Menschen nicht einfach fallen lassen (Mt 6,25-32). Daher ist dieser frei von dem Zwang, sich ständig sichern und seinen Besitz vergrößern zu müssen. Er geht nicht auf in den Sorgen dieser Welt und vermag zwischen Wichtigem und Unwichtigem zu unterscheiden.

Wer im Sinne Jesu handelt, weiß um seine eigenen Fehler und seine Schuld. Arm vor Gott zu sein (Mt 5,3), bedeutet, sich seiner eigenen Erlösungsbedürftigkeit bewusst zu sein. Das ermöglicht, sich ganz Gottes Barmherzigkeit zu übergeben und auch den Mitmenschen ihre Fehler zu verzeihen (Mt 6,12). Denn auf sie herabzusehen, würde bedeuten, mich selber für besser zu halten. Vergebung aber schafft einen neuen Anfang, ermöglicht neue Erfahrungen, bei mir und bei den anderen. Weder muss der Mensch alles perfekt machen, noch muss er seine Mitmenschen an diesem Anspruch messen.

3.5 Drei ist eins und eins ist drei

Grundlage: Georg Scherer: Trinität unterschiedliche Bilder

Denn ein vollkommner Widerspruch

Bleibt gleich geheimnisvoll für Kluge wie für Toren.

Mein Freund, die Kunst ist alt und neu.

Es war die Art zu allen Zeiten,

Durch Drei und Eins, und Eins und Drei

Irrtum statt Wahrheit zu verbreiten.

So schwätzt und lehrt man ungestört!

Wer will sich mit den Narr'n befassen?

Gewöhnlich glaubt der Mensch, wenn er nur Worte hört,

Es müsse sich dabei doch auch was denken lassen.

Diese Worte aus Goethes „Faust I" spricht zwar Mephisto, also der Teufel, doch formuliert er die Schwierigkeit vieler Menschen, die zwar die dreifaltige Formel (z.B. im Kreuzzeichen) kennen, das Gemeinte aber nur schwer verstehen. Ist dies nicht nur ein Zaubertrick der Kirche? Und Magier zeigen keine Wirklichkeit, sie bieten Illusionen. Eins ist eben nicht Drei und Drei nicht Eins. Und Muslime stellen schon seit Mohammed in Zweifel, dass Christen wirklich Monotheisten sind, auch wenn diese das behaupten.

Zum Verständnis der Trinität (Dreifaltigkeit) bieten sich zwei Wege an: die immanente Trinität (ein mehr philosophischer Weg) und die ökonomische (hier: heilsgeschichtliche) Trinität (ein Weg, der mit den Aussagen des NT arbeitet).

Gott ist die Liebe. An dieser Bestimmung wird christlicher Glaube festhalten, und sie entspricht ja auch dem, was in den letzten Abschnitten deutlich geworden ist. Lieben kann man aber nicht allein, denn Selbstliebe ist noch keine Liebe. Die Fähigkeit zu lieben erfordert also einen Liebespartner, an dem sie sich entwickeln und verwirklichen kann. Wenn das aber bedeuten würde, dass Gott gezwungen war, die Schöpfung und vor allem den Menschen zu erschaffen, um seine Liebe ausüben zu können, wäre er von seinen Geschöpfen abhängig, was ebenfalls unserer Vorstellung von Gott widerspricht.

Es muss also innerhalb Gottes (immanent) ein dialogisches Prinzip geben, kein Selbstgespräch, sondern einen echten Austausch. Dieser Austausch spiegelt die liebende Verbundenheit der Dialogpartner wider, die ihre Eigenheit behalten und dennoch eins sind. Weil es diese Liebe innerhalb Gottes gibt, deshalb ist auch Liebe zwischen den Menschen möglich.

Jeder Pädagoge weiß, dass Dreierkonstellationen besonders schwierig sind, weil häufig zwei gegen einen zusammenhalten. Wenn Gott aber eine gelingende Dreierkonstellation darstellt, wird deutlich, dass Liebe auch dort möglich ist.

Wer ist dieser? Diese Frage beschäftigte Jesu Zeitgenossen und viele Menschen bis heute. Jesus erhob den Anspruch, dass Gott selber in ihm in der Welt gegenwärtig ist. „Wenn ich mit dem Finger Gottes die Dämonen austreibe, ist das Reich Gottes mitten unter euch." (Lk 11,20) Jesus ist also das lebendige Wirken der Liebe Gottes in Zeit und Raum. Seine Anhänger waren von dieser Identität Jesu mit dem Vater fasziniert und akzeptierten, dass sich in ihm in ungebrochener Form der Vater spiegelte (Mt 11,27).

Und dennoch, trotz aller Nähe, war der Vater für ihn der andere, zu dem er betete und den er seinen Zuhörern verkündete. Niemand wird schließlich zu sich selber beten. In Jesu Verhalten werden also zugleich die Identität mit Gott wie auch die Verschiedenheit deutlich.

Das christliche Dogma sagt, Jesus sei „wahrer Gott und wahrer Mensch", kein Halbgott, keine Mischung, auch kein Gott, der scheinbar Menschengestalt angenommen hat. Aber sind 100% das eine und 100% das andere, also 200% möglich? Um das zu verstehen, müssen wir meiner Meinung nach vom Menschen Jesus ausgehen. Jesus hatte Augen, Mund und Nase wie wir alle, er hatte seine eigene DNA, er aß, wenn er Hunger hatte, verdaute und manchmal hatte er bestimmt Durchfall. Dass das NT uns nicht von Krankheiten Jesu berichtet, liegt nicht daran, dass er als Sohn Gottes keine hatte, sondern dass das für die theologische Aussageabsicht der Evangelisten keine Bedeutung hatte. Dieser normale Mensch aber wurde so transparent für Wesen und Willen Gottes, dass alles, was er sagte und tat, diese Transparenz widerspiegelte. So konnte der Glaubende erkennen, dass zwischen Gott und Jesus kein Unterschied mehr besteht.

Darin unterscheidet sich Jesus auch von einem Propheten, der immer nur in bestimmten Situationen Wort Gottes war, sonst aber seine eigenen Standpunkte und seine individuellen Fehler hatte. Von diesem biblischen Verständnis unterscheidet sich aber noch einmal das Propheten-Verständnis des Islam. Von Mohammed nimmt der Islam in Anspruch, dass nicht nur die Verkündigung des Koran Gottes als Wort heilig ist, sondern dass auch Reden und Handeln des Propheten in jeder Weise vorbildlich und heilig sind (niedergeschrieben in den Hadithen). Die Auffassung des Propheten im Islam nähert sich also meiner Meinung nach der Sohn-Gottes-Lehre des Christentums an.

Es fehlt uns noch die dritte Person. Er ist das Verbindungsglied, das Kommunikationsmedium, die Offenheit zwischen Vater und Sohn, aber auch zwischen Vater bzw. Sohn und den Menschen. Da sich diese Offenheit immer auch personal ausdrückt, ist der Heilige Geist Person. Über den Heiligen Geist kommen wir Menschen in das Schema der Dreifaltigkeit hinein. Denn manchmal blitzen im Alltag Momente auf, wo wir erfahren, dass ein Mitmensch von Gott gesandt ist und uns in besonderer Weise anzusprechen vermag. Manchmal gelingt es uns selber, trotz aller Unvollkommenheit, zu einer Hand oder einem Mund Gottes für unsere Mitmenschen zu werden. Der Heilige Geist ist also das Weiterwirken der Botschaft Jesu in der Geschichte.Und wie Jesus versucht er in Frage zu stellen, was Menschen unfrei macht und an ihrem wirklichen Leben hindert.

Das Dogma „ein Gott in drei Personen" versucht diese scheinbar widersprüchliche Erkenntnis auszudrücken, die hier erklärt worden ist. Das Wort „persona" bedeutet im Lateinischen Schauspielmaske, aber auch dieses Bild trifft es nicht ganz, denn die Verschiedenheit der Personen ist mehr als das bloße Aufsetzen einer neuen Maske.
Auch im christlichen Gottesdienst gibt es neben reinen Aufzählungen (Ehre sei dem Vater und dem Sohn und dem

Heiligen Geist), die den Eindruck erwecken könnten, wir hätten hier drei Götter vor uns, Formeln, die die unterschiedliche Funktion der Personen in den Mittelpunkt stellen. Am Ende der Gebete, die der Priester im Namen der Gemeinde spricht

(Vorstehergebete), heißt es: Wir bitten **dich** (den Vater) **durch** unseren Herrn Jesus Christus **in** der Gemeinschaft des Heiligen Geistes. Ähnlich, aber etwas feierlicher, ist der Lobpreis am Ende des Eucharistischen Hochgebetes. Hier wird in Bezug auf Christus gesagt: „**Durch** ihn und **mit** ihm und **in** ihm ist **dir**, Gott, allmächtiger Vater, **in der Einheit** des Heiligen Geistes alle Herrlichkeit und Ehre jetzt und in Ewigkeit." Unser Gebet richtet sich also an den Vater, Christus ist der Mittler, aber auch unser Bruder im Gebet, der Heilige Geist ermöglicht uns die Kommunikation mit Gott.

Bilder können uns helfen, die Trinitätslehre zu verstehen, sie können aber auch höchst problematisch sein, vor allem, wenn sie versuchen Gott Vater (als alten Mann mit Bart) bildlich darzustellen. Das gilt z.B. für Hans Baldungs (Grien) Gemälde „Die himmlische Krönung Mariens".Vor einem verschnörkelten Hintergrund voller Engelchen und einer riesigen Gloriole erkennen wir die Dreifaltigkeit und Maria. Gott Vater links als weiser, alter Herrscher mit Szepter und Krone und Christus rechts als junger Erwachsener mit Wundmalen, Weltkugel und Krone, beide im Purpurmantel, setzen der zwischen ihnen knienden

Maria die Krone auf. Maria als junges Mädchen nimmt in demütiger Haltung, den Blick nach unten und die Hände zusammengelegt, die Ehrung entgegen, Erhöhung und Demutsgeste zugleich. Über dem Geschehen fliegt der Heilige Geist in Gestalt einer Taube.

Geeigneter für die Darstellung der Trinität sind Symbolbilder. So gibt es in der Kunstgeschichte mehrere Abbildungen, die einen Mann mit drei gleichen Gesichtern zeigen, meistens mit den Zügen Christi. Das erinnert am ehesten an die Vorstellung von der Theatermaske.

Ein Symbolbild ist auch das Hasenfenster des Doms von Paderborn. Drei Hasen laufen gleichsam im Kreis umeinander. An den Ohren sind sie miteinander verbunden. Wer genau hinschaut, sieht, dass die drei Hasen zusammen nur drei Ohren haben. Verschiedenheit und Gleichheit werden hier bildlich erfahrbar. Außerdem sind es gerade die Ohren, die sie miteinander verbinden, d.h. die göttliche Kommunikation gelingt, weil die drei Personen aufeinander hören.

Das berühmteste Bild der Dreifaltigkeit ist sicher die Ikone der „Gastfreundschaft" von Andrej Rublëv (1380-1430). Es bezieht sich auf ein Erlebnis Abrahams (Gen 18,1-15), der drei Männer, in denen er Gott erkennt, gastlich aufnimmt und bewirtet, wobei in diesem Text Einzahl und Mehrzahl immer wieder abwechseln. Als Gastgeschenk verkündet Gott Sara einen eigenen Sohn und spricht mit Abraham, der ihn ein Stück begleitet, über seine weiteren Pläne.

Die Ikone von Rublëv ist äußerst reduziert. Abraham und Sara fehlen ganz. Wir sehen drei Engel (denn nur so kann man Gott darstellen) mit jugendlichen, sich ähnelnden Gesichtern in unterschiedlicher Kleidung. Sie sitzen an drei Seiten eines Tisches, schauen sich an und scheinen auf dieses Gespräch konzentriert zu sein. Man kann die harmonische Einheit dieser drei Gestalten fühlen. Das Bild zeigt nicht die Gastfreund-schaft Abrahams, sondern der göttlichen Personen zueinander. Auf dem Tisch, der wie ein Altar ausschaut, steht eine Schale mit Hostien. Das Mahl ist hier also die Eucharistie, die dem Gläubigen als „Gastgeschenk" vermittelt wird. Der Betrachter der Ikone kann sozusagen an der vierten Seite des Tisches Platz nehmen.

Die „Ikone der barmherzigen Dreifaltigkeit" von Elena Filipescu, nach einer Keramik von Caritas Müller gefertigt, zeigt um einen Kreis angeordnet die drei Personen in eigenen Kreisen. In der Mitte ist ein nackter, der Hilfe bedürftiger Mensch. Ein erwachsener Mann rechts von ihm hält ihn sorgsam in seinen Händen. Gott wird hier in der Gestalt des barmherzigen Samariters (Lk 10,25-37) gezeigt, der den Überfallenen und Verletzten nicht liegen lässt, sondern für seine Genesung sorgt. Links ist ein junger Mann zu erkennen, der dem Nackten die Füße küsst. Das erinnert an die Fußwaschung (Joh 13,1-11), durch die Jesus vorführte, dass wahre „Herrschaft" ein Dienst an den Menschen sein müsse. Im oberen Kreis ist der Heilige Geist als Taube mit Feuerzungen dargestellt, der sich ebenfalls dem Nackten zuwendet.

Spannend ist die Verortung des Menschen in diesem Bild. Natürlich kann er sich als Erlösungsbedürftiger mit dem Nackten identifizieren. Er kann sich aber auch an die Stelle dessen setzen, der tätige Liebe leistet, oder dessen, der sich selbst erniedrigt, weil er das Wohl des anderen und nicht seine eigene Macht im Sinne hat. Wer also so barmherzig handelt, wie es dem Wesen Gottes entspricht, der hat Teil am kommunikativen Geschehen der Trinität.

4 Wie kann Gott das zulassen?

4.1 Beugt der Allmächtige das Recht?

Grundlage: Heinrich Heine: Zum Lazarus
L.Schwienhorst-Schönberger: Zwischen Demut und Rebellion: Der Ijob der Bibel
Francis Gruber: Hiob

Das Gedicht „Zum Lazarus" von Heinrich Heine aus dem Jahre 1850 formuliert pointiert das Problem, das hier besprochen wird: Ist das Leid dieser Welt nicht ein klarer Hinweis darauf, dass Gott gar nicht existieren kann?

„Fragen" (V. 3) und „Antwort" (V. 16) sind die Begriffe, die das Gedicht strukturieren. Dazwischen, in den Strophen 2 und 3, stehen die Fragen, um die es geht. Strophe 1 enthält die Aufforderung, nicht drum herumzureden, sondern klar und konkret zu antworten. Wer angesprochen wird, wird nicht gesagt (Theologen, Philosophen …?), ist aber auch nicht wichtig, weil es auf die Antwort, nicht auf ihren Absender ankommt. Dass es dringend, ja existentiell wäre, die Fragen zu beantworten, wird durch das Attribut „verdammten" deutlich.

Strophe 2 bringt das Problem auf den Punkt: Häufig geht es den schlechten Menschen gut, den guten aber schlecht. Die einen werden für ihre bösen Taten mit Macht und Reichtum belohnt, die anderen werden zu Fußabtretern der Geschichte.

Es bedarf nicht großer Reflexion, um hier eine grundgelegte Ungerechtigkeit zu erkennen.

Die dritte Strophe bietet in Form rhetorischer Fragen Antwortmöglichkeiten an. Entweder kann Gott nicht helfen, oder er will es nicht. Im ersten Fall wäre er nicht wirklich Gott, im zweiten Fall wäre er ein bösartiger Sadist. Für welche Lösung ich mich auch entscheide: Das ungerechte Leiden widerspricht der Existenz Gottes, wie wir ihn glauben.

So landet das lyrische Ich schließlich in der Aporie (Ratlosigkeit). Eine Antwort auf die Fragen gibt es nicht, Wenn der Mensch stirbt und von Würmern zerfressen wird, hört er auf zu fragen. „Aber ist das eine Antwort?" (V. 16)

Zum Titel des Gedichtes: Lazarus ist nach Lk 16,19-21 ein kranker und armer Bettler, der von einem reichen Mann nicht beachtet wird. Er wird hier also zum Symbol für die ungleich verteilten Lebenschancen, die dem charakterlichen Wert widersprechen.

Ijob (auch Hiob, Job, arabisch Ejjüb) ist allgemein als der große Dulder bekannt. Er ist ein gerechter Mensch, dem es in jeder Weise gut geht, bis ihn entscheidende Schicksals-schläge treffen. Er verliert seinen reichhaltigen Viehbestand, seine zehn Kinder und schließlich auch seine Gesundheit. Getrennt und ausgestoßen von allem, was das Leben lebenswert macht, beklagt er sich nicht. Die entscheidende Aussage lautet: Der Herr hat gegeben, der Herr hat genommen, gelobt sei der Name des Herrn." (Ijob 1,21) Weil er alles Leid hingenommen hat, ohne seine Verehrung für Gott zu verlieren, wird er schließlich belohnt: Er wird wieder gesund, bekommt wieder zehn Kinder und seinen vollen Viehbestand zurück. Schon als ich als junger Mann diese Geschichte gelesen habe, gab mir das „Happyend" zu denken. Sind zehn neue Kinder ein hinreichender Ausgleich für zehn hinweggeraffte? Ist eine Mutter, die ein Kind verloren hat, jetzt getröstet, weil ein neues geboren wurde? Wird nicht – trotz allem – der alte Verlust und ihre Trauer darüber ihr ständiger Begleiter bleiben? Und ob man geliebte Haustiere einfach so ersetzen kann, mögen die beurteilen, die Haustiere haben. Hinzu kommt noch, dass Ijob zum Gegenstand einer Wette zwischen Gott und dem Satan wird (zum Satan vgl. 3.3 und 3.4). Ist Ijob nur deshalb gerecht, weil es ihm gut geht? Würde er Gott fluchen, wenn ihm Leid geschieht? Ijob wird hier als göttliches Versuchskaninchen missbraucht. Dass Ijob in der Form nie existierte, sondern nur das Exempel einer Lehrgeschiche darstellt, beruhigt nur scheinbar. Denn nun ist es die ganze Menschheit, die in diesem Buch thematisiert wird.

Das naive Schema, dass man im Leid nur geduldig und gottesfürchtig sein müsse, dann werde man schon belohnt, fanden schon in atl. Zeit Theologen zu einfach und der Wirklichkeit des Leids nicht gerecht. Sie nehmen die „fromme" Geschichte als Rahmen für eine hammerharte Auseinandersetzung um das Leiden und eine ganz andere Ijob-Figur. Ijob den Dulder finden wir in drei Kapiteln am Anfang und Ende des Buches. Der Ijob der dazwischen liegenden 39 Kapitel fragt, protestiert, rebelliert. Jetzt erst ist er ein Exempel der ganzen Menschheit.

Ijob bekommt in seinem Leid Besuch von drei Freunden. Sie wollen ihm helfen, Trost spenden, vor allem aber wollen sie das Handeln Gottes begreifbar machen, Gott verteidigen. Ungerechtes Leiden könne es nicht geben. Ijob müsse etwas Schlechtes getan haben, es sei ihm vielleicht nur nicht bewusst. Entgegen der Beteuerungen ihres Freundes beharren sie auf einem Tun-Ergehens-Zusammenhang. Ijob fühlt sich nicht ernst genommen. Nicht nur ist er sich keiner Schuld bewusst, er ist sensibilisiert für die Ungerechtigkeiten menschlichen Lebens. „Schuldlos wie schuldig bringt er um" (Ijob 9,22), analysiert er. Er beklagt, dass Gott ihm sein Recht entzogen habe (Ijob 13,3) und fordert Rechenschaft von ihm.

Die Antwort Gottes überrascht. Ijobs Freunde werden kritisiert, Ijob aber gerechtfertigt (Ijob 42,7). Die Freunde, die versucht hatten, Gottes Handeln zu erklären, haben Theorien ersonnen, werden aber der Realität nicht gerecht. Sie haben nur über Gott geredet. Ijob aber wendet sich – wenn auch aggressiv und fordernd – an Gott, er stellt ihn sozusagen. Mit der Forderung, von Gott ernst genommen zu werden, nimmt Ijob Gott als Gesprächspartner ernst. Wer wäre denn auch sonst der Adressat dieser harten Auseinandersetzung, wenn nicht Gott selber?

In der Tat haben die gängigen Theorien zum Leid in der Welt, z.B. dass das Leid eine Art Test sei, dem der Mensch sich unterziehen müsse, den Nachteil, dass sie Theorien bleiben. Die Realität des Leidens lehrt uns schnell, dass die Bedingungen eines solchen Tests sehr ungleich verteilt sind und keine Rücksicht auf die Kräfte des „Prüflings" nehmen. Wer einen Test durchführt, provoziert eben, dass manche Menschen durchfallen. Alle diese Theorien werden dem konkreten Menschen in seinem konkreten Leiden nicht gerecht, weil sie das Leiden in unzulässiger Weise abstrahieren.

Ijob begegnet Gott in seinem Leiden. „Vom Hörensagen nur hatte ich von dir gehört, jetzt aber hat mein Auge dich geschaut." (Ijob 42,5) An Ijobs Leid hat sich − noch − nichts geändert, und dennoch hat sich die Situation für ihn gewandelt. Wie Mose oder Elija erlebt auch er eine Theophanie, eine Erscheinung Gottes. Die Metapher „Gottes Antlitz schauen" meint dabei nicht den visuellen Eindruck von Gottes Gesichtszügen, sondern die Erfahrung eines unmittelbaren Kontaktes mit Gott. Gott selber ist die einzige Antwort auf die Frage nach dem Leiden.

Was Gott sagt, bleibt dabei eher unbefriedigend. Er paraphrasiert sein Schöpfungshandeln am Anfang und wirft Ijob vor, keine Ahnung von der Weltordnung zu haben. Das ist sicher richtig, erklärt aber nicht, warum das Leiden Teil der Schöpfung sein musste. Hier sind die Theologen des Ijob-Buches Realisten. Sie kritisieren alte Theorien, entwickeln aber keine neue. Es bleibt das Vertrauen auf Gott, der durch seine Gegenwart alles verwandeln kann.

Das Gemälde „Hiob" des französischen Malers Francis Gruber aus dem Jahre 1944 zeigt alte, heruntergekommene Gassen und Hinterhöfe. Im Vordergrund rechts sitzt Hiob nackt auf einem Schemel, den Oberkörper vornübergebeugt, die Beine übereinandergeschlagen, den Kopf auf die rechte Hand gestützt. Durch einen grünen Bretterzaun ist er von der Straße getrennt. Vor ihm liegt ein Blatt Papier mit dem französischen Text von Ijob 23,2: Auch heute lehnt sich meine Klage auf, seine Hand drückt schwer, dass ich seufzen muss.

Hiob wird hier einerseits als preisgegeben, verwundbar, isoliert dargestellt, andererseits als derjenige, der seine Lage reflektiert. Der Zaun trennt ihn von möglichen Mitmenschen, die aber gar nicht sichtbar sind, andererseits ist er beschädigt und passt in die verfallene Umgebung. Gruber stellt wahrscheinlich in der Gestalt Hiobs auch die Lage Frankreichs im Zweiten Weltkrieg dar.

Hiob rebelliert (noch) nicht, er ist aber auch nicht der Dulder. Sein langgestreckter, magerer Körper symbolisiert vielmehr die Frage nach der Rechtfertigung seines Geschicks.

4.2 Wer Leiden erklärt, leidet nicht
Grundlage: Spielfilm: Shadowlands

Der Spielfilm „Shadowlands" von Richard Attenborough aus dem Jahre 1993 zeigt einen Ausschnitt aus dem Leben des Literaturwissenschaftlers, Philosophen und Schriftstellers C.S. Lewis (1898-1963), der sich Jack nennen lässt. 1952 lernte er die Amerikanerin Joy Davidman (im Film: Joy Gresham) kennen, die mit ihrem Sohn vor ihrem untreuen und unter Alkoholeinfluss aggressiven Ehemann geflohen ist. Nach ihrer

Scheidung heiratete Jack sie zunächst pro forma, um ihr ein Aufenthaltsrecht in England zu ermöglichen. Als sie unheilbar an Knochenkrebs erkrankte, wurde ihm seine Liebe zu ihr bewusst und er heiratete sie kirchlich. Ihr Tod stürzte ihn in eine tiefe Sinn-, Glaubens- und Lebenskrise. Das Geschehen, das sich über acht Jahre erstreckte, wird im Film zeitlich komprimiert dargestellt.

Jack hat als Neunjähriger seine Mutter verloren. Seine Angst vor Trauer und Leid führte dazu, dass er sich in eine Art emotionalen Kokon einschloss. Da seine Umgebung ihm intellektuell unterlegen ist, gibt es niemanden, der ihn infrage stellt bzw. ihn emotional wirklich betrifft. Seine Stellung als Professor in Oxford, aber auch die steifen, formellen englischen Umgangsformen verstärken diese Haltung. Die Begegnung mit Joy sowie mit einem unangepassten Studenten ermöglicht es ihm, sich dem Leben zu stellen und eigene Ratlosigkeit zuzulassen.

Joy ist von ihrem Temperament her der Gegenpol zu Jack. Sie ist spontan, unangepasst und nennt die Dinge beim Namen. So erkennt sie nicht nur die Flachheit englischer Vorurteile und die Verlogenheit der Konventionen, sondern dringt in Jacks „Schutzmauer" ein und öffnet ihn zu wahrer, verletzlicher Liebe.

Lewis hält im Verlaufe des Films wiederholt Vorträge zum Sinn des Leidens. Er betont, dass es Gott nicht auf das Glück des Einzelnen ankomme, sondern dass er den Menschen durch Erfahrung die Möglichkeit geben möchte, erwachsen zu werden. Das Leiden sei daher ein Geschenk Gottes. Jack vergleicht den Menschen mit einem Steinblock, der von Gott als Bildhauer mit dem Meißel bearbeitet werde. Die schmerzhaften Schläge führten erst zur Vollkommenheit.

Nachdem Jack von der Erkrankung Joys erfahren hat, ändert sich der Ton seiner Ausführungen: „Wenn wir jemanden lieben, wollen wir nicht, dass er leidet… Und wenn ich das so empfinde, warum nicht auch Gott?" Aus der bloßen Theorie wird mitfühlende Betroffenheit. Auch seine Beziehung zu Gott verändert sich: „Ich bete, weil ich nicht mehr weiter weiß… Es verändert nicht Gott, es verändert nur mich."

Nach Joys Tod erlebt Jack eine tiefe personale Krise, die auch seine früheren Theorien radikal in Frage stellt: „Ich habe Angst, dass Leiden am Ende nur Leiden ist, nicht mehr und nicht weniger." Er wirft Gott vor, die Menschen als Ratten in seinem Laboratorium zu halten. Der Film deutet nur an, dass Jack zu einer neuen Orientierung seines Lebens kommen könnte. Zentral ist dafür Joys Ausspruch: „Der Schmerz, der kommen wird, gehört jetzt zum Glück dazu."Lebendig ist also, der sich auf das ganze Leben, mit Freude und Leid, einlässt.

Auch in diesem Film wird mir deutlich, dass der Anspruch, eine immer gültige Theorie über den Sinn des Leidens aufzustellen, dem konkreten Leid und vor allem dem Leidenden nicht gerecht wird. Wer Theorien zum Leiden formuliert, der leidet gerade nicht. Das macht eine solche Reflexion nicht unnötig, doch sollte man sich in Theologie und Religionsunterricht bewusst machen, dass man sich in einem gedanklichen Laboratorium befindet, nicht im Ernstfall. Diese Einschränkung gilt auch für die Gedanken, die ich in 4.3 darstelle

4.3 Kann Gott allmächtig und gütig sein?
Grundlage: Fernsehserie: Gott und das Leid

„Wenn guten Menschen Böses widerfährt", dieser Titel eines Buches von Rabbi Harold Kushner aus dem Jahre 1981 spitzt die Frage nach dem Leiden zu: Ist nicht gerade die Ungerechtigkeit der Schicksalsschläge, die Menschen treffen, ein klares Argument gegen die Existenz Gottes. Warum trifft es häufig gerade die Frommen. Kushners Sohn litt an einer

Krankheit, die ihn frühzeitig altern ließ. Er starb mit 14 Jahren an Altersschwäche.

Aber auch die großen Katastrophen, die in blinder Weise Gerechte und Ungerechte treffen, führen immer wieder zur Frage nach einem Sinn des Leidens. Am 1.11.1755 traf ein schweres Erdbeben mit einem Tsunami die Stadt Lissabon. Ihm folgte ein Brand, der große Teile der Unterstadt zerstörte. Viele Menschen wurde gerade in den Kirchen überrascht (Allerheiligen!). Die flächendehnende Zerstörung ungeheuren Ausmaßes widersprach jeder erklärenden Theorie. Sollen die Einwohner von Lissabon sündiger gewesen sein als beispielsweise die Menschen in Köln? Warum sollen gerade sie bestraft werde? Ähnliche Fragen berührten die Menschen beispielsweise auch nach dem großen Tsunami 2004 in Südostasien.

Für die Frage nach dem Leiden prägte der Philosoph Leibniz (1646-1716) den Begriff „Theodizee" (Rechtfertigung Gottes). Sein eigener Versuch, die bestehende Welt als beste aller möglichen Welten zu postulieren und das Leiden als notwendigen Teil einer umfassenderen Harmonie anzusehen, überzeugt seit den Ereignissen des Jahres 1755 nicht mehr.

Zugespitzt erkennt die Theodizee-Frage einen Widerspruch in den Attributen Gottes. Wenn Gott gütig ist, will er das Leiden verhindern. Wenn er allmächtig ist, kann er das Leiden verhindern (vgl. auch 4.1). Es dürfte in dieser Welt also kein Leiden geben. Dass das nicht so ist, zeigen uns schon täglich die Nachrichten.

Dieses Dilemma ist zunächst nicht auflösbar, sodass es wichtiger ist, das Leiden zu bestehen bzw. Leidenden dabei zu helfen, als das Leiden zu verstehen. Diese Haltung kann auf Jesus verweisen, der das Leiden auch nicht erklärt, sondern versucht hat, es zu lindern.

Allerdings gibt es durchaus Ansätze zur Lösung der Theodizee-Frage. Man müsste entweder eine der beiden Grundannahmen über Gott streichen oder das Problem durch eine zusätzliche Konstante auflösen.

Kein gläubiger Mensch wäre bereit, Gott als nicht gütig, sondern z.B. als uninteressiert oder boshaft anzusehen. Aber ist Gott auch allmächtig?

Dualistische Religionen (wie die altiranische Religion oder der Manichäismus) glaubten an einen universellen Kampf zweier Mächte, eines guten und eines bösen Gottes, von Licht und Finsternis. Der böse Gott bietet dann die Erklärung für alles Böse und alles Leid in der Welt. Im Christentum gibt es die Vorstellung vom Teufel und seinem Dämonenheer. Allerdings sind Christen der Überzeugung, dass der Teufel kein gleichwertiger Gegner Gottes ist. Wenn Gott also der Allmächtige ist, bleibt die Frage, warum er dem Teufel Macht über die Menschen gibt. Außerdem ist der Teufelsglaube in der modernen Theologie sehr umstritten und problematisch.

Einen anderen Ansatz versucht die Prozessphilosophie. Sie geht davon aus, dass Gott die Welt nicht aus dem Nichts geschaffen hat, sondern ein schon vorhandenes Material benutzt hat, das er nur bedingt formen konnte. Die Eigenschaften dieses Materials begrenzen also die Macht Gottes. Für eine solche Auffassung gibt es durchaus Belege in der Bibel. Wenn man den Satz „Im Anfang erschuf Gott Himmel und Erde" (Gen 1,1) als Überschrift des Schöpfungstextes interpretiert, und das muss man wohl tun, dann beginnt die Schöpfung mit einem chaotischen Zustand, dem „Tohuwabohu" in Gen 1,2, in den Gott Zug um Zug Ordnung bringt, um so einen bewohnbaren Lebensraum zu schaffen.

Alle Geschöpfe Gottes haben aber durch die Möglichkeiten ihres Materials und ihre Eigenschaften eine gewisse Macht zur Selbstbestimmung, auf die Gott zwar Einfluss nehmen, die er ihnen aber nicht wegnehmen kann. Eine ähnliche Theorie entwickelte der jüdische Philosoph Hans Jonas (1903-1993), der davon ausgeht, dass Gott freiwillig auf einen Teil seiner Macht verzichtet hat, um seine Schöpfung mit Macht auszustatten. Je komplexer nun ein Geschöpf geworden ist, um so mehr Macht kann es ausüben und um so mehr verringern sich die Möglichkeiten Gottes, Einfluss auf das Geschehen zu nehmen. Der Mensch hat mit den Möglichkeiten seines Verstandes eine besonders starke Macht, die er verantwortlich oder verantwortungslos gebrauchen kann.

Nicht jeder Christ wird aber bereit sein, auf die Glaubensvorstellung eines allmächtigen Gottes zu verzichten.

Eine andere Möglichkeit zur Lösung der Theodizee-Frage ist das Aufstellen einer Zusatzannahme. Zwar wäre ein leidfreies Leben ein Wert für die Menschen, der höhere Wert ist aber die menschliche Freiheit. Ein freies Wesen hat die Möglichkeit, über sich und sein Leben selbst zu bestimmen, und damit auch die Möglichkeit zum Schlechten. Wenn Gott den Menschen immer führen würde, wäre er wie eine Marionette, und er hätte dann auch keine Verantwortung mehr für sein Handeln (vgl. meine Überlegungen zur Freiheit in Jgst. 11).

Eine wichtige Voraussetzung für die Übernahme von Verantwortung ist auch die Konstanz der Naturgesetze. Weil chemische und biologische Stoffe immer die gleiche Wirkung zeigen, ist die Entwicklung von Medikamenten möglich, aber man kann einige Stoffe eben auch als Gift verwenden. Weil ein Messer immer die gleichen Eigenschaften besitzt, kann ich es z.B. zum Schneiden von Brot oder Fleisch verwenden, aber ich kann auch Mitmenschen töten. Je mehr Möglichkeiten sich Menschen erarbeiten, umso größer wird also auch die Gefährdung.

Personale Reife ist für den Menschen aber nur auf der Ebene eigener Entscheidungen, also einer gewissen Freiheit, möglich, nicht im Schlaraffenland. Herausforderungen und Leid gehören zu diesem Prozess dazu.

Aber rühmen wir nicht nur den Weisen
dessen Name auf dem Buche prangt!
Denn man muss dem Weisen seine
Weisheit erst entreißen.
Darum sei der Zöllner auch bedankt:
Er hat sie ihm abverlangt.
(Bertolt Brecht)

Mein herzlicher Dank geht an Dr. Claudia Schadt-Krämer für die Begleitung meines Projektes und ihre technische Hilfe jetzt schon bei der Fertigung des zweiten Buches.